新时代基层工作者心理健康促进丛书

心向阳光
——基层工作者积极心理品质培育

中共成都市金牛区委党校
成都城市社区学院 ◎编

西南交通大学出版社
·成 都·

图书在版编目（CIP）数据

心向阳光：基层工作者积极心理品质培育 / 中共成都市金牛区委党校，成都城市社区学院编. -- 成都：西南交通大学出版社，2025.1. -- ISBN 978-7-5774-0198-0

I．C916

中国国家版本馆CIP数据核字第20241TM890号

Xin Xiang Yangguang—Jiceng Gongzuozhe Jiji Xinli Pinzhi Peiyu
心向阳光——基层工作者积极心理品质培育

中共成都市金牛区委党校 成都城市社区学院	/编	策划编辑／梁　红 责任编辑／郭发仔 封面设计／曹天擎

西南交通大学出版社出版发行
（四川省成都市金牛区二环路北一段111号西南交通大学创新大厦21楼　610031）
营销部电话：028-87600564　　028-87600533
网址：http://www.xnjdcbs.com
印刷：成都中永印务有限责任公司

成品尺寸　185 mm×260 mm
印张　11.5　　字数　202千
版次　2025年1月第1版　　印次　2025年1月第1次

书号　ISBN 978-7-5774-0198-0
定价　38.00元

图书如有印装质量问题　本社负责退换
版权所有　盗版必究　举报电话：028-87600562

《心向阳光——基层工作者积极心理品质培育》编委会

主　编　　王晓刚　　何江军

副主编　　刘翠霞　　薛　婧

编　委　　余　利　　江　熙　　魏俊杰　　杨亦松

序

加强基层工作者的心理能力建设，提高基层工作者的心理健康水平，不仅是对新时代基层工作者担当作为的客观要求，也是激发基层工作者队伍积极性的需要。2018年6月12日，中共中央办公厅印发的《关于进一步激励广大干部新时代新担当新作为的意见》和中共中央组织部随后下发的《关于认真做好关心关怀干部心理健康有关工作的通知》（以下简称《通知》）明确要求，要"坚持严格管理和关心信任相统一，政治上激励、工作上支持、待遇上保障、心理上关怀"。《通知》提出，要"加强干部心理健康教育和培训。针对干部心理健康方面突出问题，通过适时举办辅导讲座、发放图书资料、组织网络培训等形式，开展干部日常心理健康教育，各级党校（行政学院）、干部学院、社会主义学院相应班次要安排相关课程，着力提高干部心理健康水平"。《通知》还特别强调，要"注意了解掌握干部身患严重疾病、遭遇重大挫折、遭受家庭重大变故、经历重大自然灾害或事故及长期承担急难险重任务等情况，对遭受严重心理创伤或其他情绪异常、言行失常的干部，及时采取有效措施进行心理疏导和干预，发现有严重心理疾病的，要与医院、家属密切配合，积极进行治疗。对不幸发生的极端事件，要认真做好事件调查、善后处置、舆情引导等工作"。近年来，随着社会形势的快速发展，基层工作者的心理健康受到社会各界的高度关注，加强心理健康教育工作、建立健全心理健康服务体系、提高心理健康水平已成为提升基层工作者队伍整体能力素质的重要内容。重视心理健康，提高基层工作者的心理能力，对于构建和谐稳定的社会关系，积极培育良好的社会心态，具有重要的现实意义。

新时代，新风貌，更有新作为。从提高基层工作者的心理能力、构建新时代基层工作者心理健康服务体系的角度考虑，结合基层工作者群体心理健康工作的实际需要，在对基层工作者群体心理状态进行深入调研和分析的基础上，编写一系列科学、实用、通俗的心理健康教育读物，让基层工作者能够读得懂、有收获、会运用，是积极推进基层工作者心理能力建设、提高基层工作者的心理健康水平的迫切需要。鉴于此，由成都市金牛区委党校组织力量编写出的"新时代基层工作者心理健康促进丛书"，立足基层工作者实际，针对当下基层工作者队伍生活中存在的各种心理困惑和问题，逐一进行分析阐述。这套关于基层工作者心理健康促进系列丛书历经科学选题、周密策划、严谨撰写、仔细校对，具有非常强的现实性、针对性和可操作性。该套丛书具有以下几个显著特点。

一是满足了社会心理服务体系建设的需要。加强社会心理服务体系建设，培育自尊自信、理性平和、积极向上的社会心态，是党和国家提出社会心理服务体系建设的出发点，各地要将心理健康教育作为各级各类基层工作者教育培训的重要内容。本书的出版，能有效指导基层工作健全基层工作者常态化、双向的心理健康关爱机制，激发基层工作者担当作为、干事创业的精气神。

二是有助于党校为党育人才。基层工作者也是人，心理健康是基层工作者成长、发展的基础。通过从个人、家庭、职场三个维度梳理总结基层工作者的健康促进策略，有助于基层工作者在当前新形势下，领会高屋建瓴的宏大格局，拓宽总揽区域全局的视野，扎根基层，保持"求真务实"的干事作风。

三是多维促进基层工作者心理健康。基层工作者在面对组织"严管干部"要求下，需要全力推进"纷繁复杂"的基层治理工作，将自己置于聚光灯下，一言一行都显得尤为重要。因此，丛书从个人、家庭和职场三个维度对个人人格基础、家庭心理关怀、职场事业升华进行阐述，各部分相互递进、互相辉映、融为一体。

四是基层一线专家参与编写。本系列丛书在编撰过程中邀请了心理建设、基层工作者管理、家庭教育、精神医疗等基层一线专家，结合基层工作者培训实际，坚持理论与实际相结合，做到结构合理、层次分明、条理清晰、案例生动、内容贴切、方法实用，有很强的针对性和操作性。

五是多角度切入，提高特定群体心理素养。丛书从正面传播心理健康与心理保健相关理论知识，对个人、家庭、职场的矛盾和困惑予以分析，引导基层工作者主动维护主体与客体的关系，积极做好由矛盾突出、生活失意、心态失衡、行为失常等引发的极端言行预防工作。

本丛书适合作为党校基层工作者专题培训教辅资料，各类基层工作者职工的心理保健读物，心理学、管理学和社会学专业学生的辅导材料，以及基层职工等参考资料。

总之，这套丛书聚焦基层工作者心理健康问题，致力于提高基层工作者心理健康水平，为基层工作者群体在工作遇到的各种矛盾、纠葛释疑解惑，为其疏导生活中存在的压力赋能，是目前基层工作者心理健康科普教育的范本。

胡月星

2022 年 12 月 9 日于北京

前　言

《心向阳光——基层工作者积极心理品质培育》是"新时代基层工作者心理健康促进丛书"的第一部，主要是以心理学的自我理论为指导，以促进基层工作者的自我认识、自我完善和自我价值实现为核心内容，最终促进个体自我意识的内在平衡与和谐，维护心理健康和事业进步。从队伍建设层面看，基层工作者自我和谐是基层社区提升队伍执行力、凝聚力、战斗力的心理基础，也是维护和谐干群关系、营造积极社会心态的心理保障。从基层社区治理来看，基层工作者的自我和谐也是推动社会健康发展、维护和谐稳定的重要基础。那么，如何认识自我？如何完善自我？如何实现自我？这是基层工作者个体维护内心平和的心灵之问，也是基层工作者心理健康工作面临的迫切问题。为此，本书设计了八章内容，分别是"基层工作者的自我认识、基层工作者的自我整合、基层工作者的自我独立、基层工作者的自我悦纳、基层工作者的自我评价、基层工作者的自我调控、基层工作者的自我肯定、基层工作者的自我实现"。同时，为了兼顾教材内容的科学性与可读性、专业性与趣味性、理论性与应用性，编写团队还在每章设置了"扩展阅读""心理工具""心理探索"和"资源链接"等模块，从形式和内容上丰富教材的广度、深度和温度，以帮助基层工作者形成科学、健康、积极的自我观，掌握自我和谐的有效方法。

第一章"自知者明：基层工作者的自我认识"回顾了心理学的学科"初心"——探寻"自我认识"，从自我认识的理论、发展阶段和自我认识策略等方面，力求帮助基层工作者掌握了解自我的科学视角与方法。

第二章"自谦者和：基层工作者的自我整合"解读个体自我角色的多元性与复杂性，梳理常见的自我整合策略，以帮助基层工作者实现自我角色的内在和谐与统一，减少角色冲突与混乱。

第三章"自立者博：基层工作者的自我独立"借助经典的心理学实验与研究，分析基层工作者自我独立的意义与价值，归纳寻找自我独立的策略与方法，帮助基层工作者从自我独立走向内心强大。

第四章"自悦者乐：基层工作者的自我悦纳"通过介绍自我悦纳的心理学内涵，强调如何才是面对自我缺陷或不完美的最佳方式，并对照分析了自我悦纳与不悦纳的常见表现，整理了基层工作者进行自我悦纳的可行方法。

第五章"自信者进：基层工作者的自我评价"分析了人对自身的自我评价特质，从认知和行为等层面介绍了合理自我评价的心理学方法与技巧，并通过案例解读自我评价的现实价值。

第六章"自律者胜：基层工作者的自我调控"突出强调了每个人都具有对自身心理行为进行自我监控和调整的能力，从消极和积极视角向基层工作者介绍自我调控的常见方式，并推荐了具有较强实用性的自我调控策略。

第七章"自励者强：基层工作者的自我肯定"介绍了蕴藏在自我深处的内在力量，从理论原理和方法策略等方面向基层工作者介绍激活自信力量的科学方法，并通过典型案例说明自我肯定的价值与意义。

第八章"自如者达：基层工作者的自我实现"从著名的需要层次理论出发，结合基层工作者工作实际梳理自我实现者的典型特征及表现，以及达到自我实现境界的具体方式。

本书八章的主题与内容涵盖了与新时代基层工作者密切相关的自我心理学内容，希望广大基层工作者通过阅读和学习，能更好地认识自我、评价自我、调控自我和实现自我，在个人、家庭和工作中找到平衡与和谐，在个人价值实现、幸福家庭营造和工作事业成功等方面发挥基层工作者的先锋模范作用。

编　者
2023 年 5 月

目录 CONTENTS

第一章　自知者明：基层工作者的自我认识

第一节　基层工作者自我认识的心理知识 / 002

第二节　基层工作者自我认识完善的心理策略 / 007

第三节　基层工作者自我认识的典型案例 / 014

第二章　整合者和：基层工作者的自我整合

第一节　基层工作者自我整合的心理知识 / 020

第二节　基层工作者自我整合的心理方法 / 025

第三节　基层工作者自我整合的心理案例 / 034

第三章　自立者博：基层工作者的自我独立

第一节　基层工作者自我独立的心理知识 / 040

第二节　基层工作者自我独立完善的心理策略 / 050

第三节　基层工作者自我独立的心理案例 / 056

第四章　自悦者乐：基层工作者的自我悦纳

第一节　基层工作者自我悦纳的心理原理 / 062

第二节　基层工作者自我悦纳的心理方法 / 068

第三节　基层工作者自我悦纳的心理案例 / 077

第五章　自信者进：基层工作者的自我评价

第一节　基层工作者自我评价的心理知识 / 084

第二节　基层工作者自我评价的心理方法 / 089

第三节　基层工作者自我评价的心理案例 / 097

第六章　自律者胜：基层工作者的自我调控

第一节　基层工作者自我调控的心理原理 / 104

第二节　基层工作者自我调控的心理策略 / 110

第三节　基层工作者自我调控的心理案例 / 120

第七章　自励者强：基层工作者的自我肯定

第一节　基层工作者自我肯定的心理原理 / 128

第二节　基层工作者自我肯定的心理策略 / 134

第三节　基层工作者自我肯定的心理案例 / 142

第八章　做最好的自己：基层工作者的自我实现

第一节　基层工作者自我实现的心理知识 / 148

第二节　基层工作者自我实现的心理方法 / 155

第三节　基层工作者自我实现的心理案例 / 161

参考文献 / 165

01

第一章 自知者明：基层工作者的自我认识

我是谁？我从什么地方来？我将要到什么地方去？这是人类关于自我的终极三问，也是心理学诞生以来从未停歇的学科追求。无论是有意识的思索，还是无意识的表述，每个人都在尝试回答人生这三个必答题，而每一次回答都是给我们自己的人生航向进行校准或定位。本章从什么是自我认识、自我认识与心理健康的关系，以及促进自我认识的途径等方面展开，与大家一起去认识自己、了解自己，从而在工作与生活中找到自我的平衡点，在不同的角色间自如转换。

第一节
基层工作者自我认识的心理知识

一、我为何人：什么是自我认识

两千多年前，古希腊哲学家们开始讨论意识与灵魂。1590年，德国哲学家葛克尔首次用"心理学"这个名词命名自己的著作。之后，哲学家沃尔夫撰写了《理性心理学》和《经验心理学》两本著作。直到1879年，德国著名心理学家冯特在莱比锡大学正式打开了科学心理学的大门。从古代哲学到现代心理学，自我认识一直都是哲学家和心理学家研究的重点问题。自我认识也称为自我概念，是自我意识的表现形式之一，主要表现为主观自我对客观自我的认识与评价，即个人对自己身心特征的认识，主要解决"我是什么样的人""我为什么是这样的人"等问题。

心理学家詹姆斯（W. James）主张从生理我、社会我和心理我三个方面来认识自我。生理我是我们对自己身体状态的认识，如个人的外貌、体征、体能等。社会我是指我们对自己社会性状态的认识，如个人的社会地位、亲情、人际关系和经济实力等。心理我是指我们对自己心理状态的认识，如对个人的兴趣和爱好、需要与动机、信念、价值观、能力、气质、性格等"个性心理"的认知等。[①]

基层工作者要充分认识自己岗位的重要性，以小角色担大责任，将社会我摆放在首要位置："我是一名基层工作者，是工作在一线，是党和政府在基层各项方针政策的具体执行者，是基层社会发展与稳定的组织者、指挥者，也是直接责任者。"或者"我是一名中国共产党党员，为人民谋幸福"。基层工作者只有将自己的社会我放在首要位置，才能踏实工作，反之容易好高骛远，对当前"小岗位"不满意，陷入空想。

---

① James, W.The principles of psychology [M]. New York: Dover, 1980: 80-82.

基层工作者的心理我助力社会我的实现。例如："我是任劳任怨，不怕困难，甘于吃苦的！我是廉洁自律，高尚道德的！"在基层工作者日常工作遇到困难或受到诱惑时，心理我可以坚定基层工作者的立场和准则。在繁忙辛苦的工作岗位上，健康的身体是必不可少的，基层工作者也要加强生理我的认识，强身健体，以更饱满的精神状态服务人民群众。

心理学家希金斯（E.T. Higgins）提出自我差异理论，认为个体对自我的认识还可以分为理想自我、应该自我和现实自我三个方面。理想自我是个体或他人希望自己拥有的特性表征。应该自我是个体或他人认为自己应该具有的特性表征，现实自我是当前自己实际具备的特性表征。

理想自我指引基层工作者立足当下实际情况（现实自我）以中华民族伟大复兴为总目标，以优秀的共产党员，不愧于党、不愧于人民群众的标准要求自己（应该自我），并且不断缩小现实自我与理想自我的差距，使个体自我概念不断完整，达到内心和谐稳定、维持心理健康的目的。[①]

关于自我认识的理论还有很多，后续章节也还有相应的补充，在此限于篇幅暂不一一介绍。每一种自我认识的理论犹如打开自己内心世界的一种方式。基层工作者可以通过服务人民（社会我）实现自我价值（心理我）。我们可以理想自我为目标，用应该自我要求自己。在对标言行中，我们不断缩小现实自我与理想自我的差距，最终成为不负党和人民殷切期望的基层工作者。

【拓展阅读】 内向性格的优势[②]

心理学家艾森克将人的性格大致分为5种类型：外向型、外向倾向型、中间型、内向倾向型和内向型。一般而言，判断一个人的性格特点，主要看他合不合群，会不会社交。受工业革命的影响，企业需要更多的人将产品推销出去，加之当下社会沟通更便捷，很多人的理想自我都倾向于善于交际、健谈的外向型性格。

内向性格难道没有什么用武之地吗？苏珊·凯恩的《安静：内向性格的竞争力》一书中提到：我们会认为对于印象中"热情开放"的美国人的性格调查

[①] Higgins, E.T. Self-discrepancy: A theory relating self and affect. Psychological Review, 1987, 94: 319–340。

[②] 苏珊·凯恩：《安静：内向性格的竞争力》，北京：中信出版社，2016年。

结果，应该是"几乎所有的美国人都应该是外向型"。然而，这一调查研究显示，有接近三分之一至三分之二的美国人是内向型的。内向性格的人比我们预估的要多得多。由此可见，内向的人，并不孤单。其实，我们对内向性格的认识是存在偏差的。例如，内向者并不等同于隐士或厌世者，内向的人是友善温和的，并不一定是羞涩的。因为，羞涩是对社会中出现反对言论而感知的恐惧心理，而内向是一种对于平静环境的偏好。

内向性格在基层工作中有很大的优势，研究发现：（1）内向者是很好的倾听者，开口前必三思，甚至经常会觉得他们笔头上的功夫要远远好过口头。他们讨厌冲突，对于深入的交谈能收放自如。（2）内向者在处理问题时，步调更缓慢而且更具有目的性。他们更喜欢在一段时间内致力于一件事情，认为这样也许会更加专注。这类人往往在面对金钱和名利的诱惑时表现得相对淡泊。

在生活中，每个人都身处不同的社会情境，拥有不同的社会自我，也会在外向或内向上表现出不同的特点或程度。因此，对外向和内向性格不能草率判断，可经过专业的心理测评进行（例如艾森克人格问卷中的内－外性格量表）。此外，内向与外向性格之间也不是非此即彼的。内向者也可以通过学习和训练，在需要的场合表现出外向特点；外向者也可以学习倾听和沉思，在生活工作中沉稳细致。总之，接纳你本有的性格，拥抱原本的自己，你有你的优势，我们需要做的是成为更好的自己。

二、从无到有：自我认识的形成和发展

心理学家通过"镜像自我"实验发现，18 个月后，婴儿开始有了自我意识，能将自己与外界分开，知道镜子中的婴儿是自己。青春期发育后进入自我意识发展的第二个阶段，独立意识增强，需要完成自我同一性任务，即对过去、现在、未来的我进行统合。但这时候青少年的自我意识不够客观，有自我中心倾向。

青年期及中年期的自我概念更具有整合性，基层工作者自我概念一般处于该发展阶段。这时我们对于自己是谁，自己的价值、理想是什么，已基本形成了比较稳定的认识。通过知识教育、事业发展和社会历练，基层工作者在青年期及中年期会继续自

我探索，进而摆脱青春期及之前自我认识的片面性和自我偏见，其自我认识会更加客观、全面，对生活和工作更具有指导意义。

首先，我们要抓住自我认识的充分条件。党和国家对基层工作者的角色身份、工作准则、工作内容都有明确的定位和要求，这是"应该我"的权威参考资料，我们将党、国家和人民对我们的要求内化于心、外化于行，为现实我提供了行为指南。优秀的共产党员、优秀的基层工作者为我们提供了"向上比较"的榜样，我们期望拥有榜样的品质和成就，就会学习、模仿榜样的言行，完善自我概念。同龄人和同事的行为作风提供了平行比较的参考，调整自我概念，"向下比较"即与不如自己的人相比较，有助于我们保护自我概念。成年人比较的人群、渠道多样，为我们确定清晰自我概念和调整完善自我概念提供了丰富的参照。

其次，我们要正确认识自我评价和他人评价的关系。成年人的逻辑思维能力更强，其心理状态更稳定，在对自我有清晰认识的基础上，会更加理性地对待他人的正面／负面评价，经过慎重思索，分析归纳后才纳入相关信息并进行自我概念修正。例如，基层工作者可能遭遇不良分子的"糖衣炮弹"。当自我认识是一个廉洁自律的人民公仆时，我们对他人居心叵测的赞许会清醒面对，并通过抵制诱惑的行为，更加恪守为人民服务的工作准则（心理我），坚定争当优秀基层工作者的决心（社会我、应该我）。

每一个年龄段的自我认识都具有发展性和可塑性。大多数基层工作者正处于青年期及中年期阶段，自我认识能力更强、视角更多，更能客观地评价自己，也应基于科学合理的自我认识设置事业与生活目标，从而为后续职业发展和人生规划奠定基础。

三、从我开始：自我认识与心理健康的关系

当前，世界正经历百年未有之大变局，而我国也正处于社会经济的转型阶段。因此，基层工作者可能会面临许多应激事件与压力。我们可以不断增进自我认识，对自己形成客观全面、积极正确的认识，应对压力和挑战，维护我们的心理健康。

自我认识是心理健康的基础。罗杰斯认为自我意识是人格形成、发展和改变的基础，是人格能否正常发展的重要标志。当自我意识中没有自我冲突矛盾的时候，我们的人格就会协调发展，保持良好的心理健康水平。一旦内心的理想自我和现实自我差异较大，或者他人反馈、评价与自我经验不一致，人格的发展就可能会出现异常，心理也更加容易出现问题。罗杰斯认为，自我不和谐是导致心理不健康的主要原因。然而，

他相信人性是积极向上、适应生存的。只要提供适应的环境（如关注个体积极方面），个体完善自我概念，自我实现的潜能就会被开发出来。

客观积极的自我认识可以促进心理健康。自我认识与心理健康的关系得到了实证研究的证实。自我概念越积极，心理健康水平就会越高，在负性生活事件影响心理健康时，自我概念会起到保护作用。因此，形成正确、符合实际情况的自我概念，保持现实自我与理想自我的和谐一致，不断缩小现实自我与理想自我的差距，增加积极的自我概念，对维护和提高我们的心理健康水平有非常大的帮助。[1][2]

---

[1] 柴丹：《大学生自我意识干预对心理健康影响研究》，《西部学刊》，2019（22）：3。
[2] 李洋：《社会文化、自我意识对大学生心理健康的影响》，《科教导刊》，2013（14）：2。

第二节
基层工作者自我认识完善的心理策略

由于个人经历、角色变更和环境变化等因素的存在,我们对自己的认识是一个不断发展变化的过程。加之人类自我的复杂性,我们的认识也需要一定的时间和努力。诸多研究证明,我们的自我认识存在许多盲点,很多时候我们可能还没有认识到人格中的重要特质,而且对自己言行的认识还存在偏差。在反复的自然观察和社会实验中,心理学家发现认识自我的策略主要有三种:自我觉察、他人反馈和社会比较。

一、自我觉察法:求人不如求己

我们是最了解自己的人,我们可以通过对自己观点、想法、感受的觉察去认识自己。

(一)三省吾身:自我内省法

自我内省即我们直接反思自己的情感、态度和动机。这是人们向内部直接寻求答案的过程。我们的特质很多方面都是内在的,我们的思维、感受和情感都发生在自己的精神世界而不被他人直接观察到。因此,内省是一个较为可靠的策略。

在心理学中,运用最频繁最广泛的自我内省方法就是日记。我们在写日记的时候会回顾一天、一段时间的重大事件,尤其是我们在这些事件中的情感和想法。这些情感和想法有利于我们对过往的反思和评价,用以影响并指导我们今后的工作和生活。

我们还可以通过关注身体状态和内在感觉,增加对自我的认识和了解。有时候,我们可能还没有察觉到压力过大,身体先有了反应,如容易疲惫、抵抗力下降、颈椎疼痛等。静下心来感受身体状态和内在感觉,提高对自己的认识,有助于我们监控压力水平和维护心理健康。

正念不仅是很好的自我察觉方式，也是有效舒缓压力、放松身心的方法。已有大量的研究证明，正念可以进行心理调适，维护和提高心理健康。身体扫描正念冥想就是其中的一种。通过身体扫描，保持对身体各个部位的觉知，熟悉身体的各种感觉，从而熟悉自己的身体。除此，通过身体扫描，发现疼痛和酸胀等不适，也可以通过心灵主动控制这样的感觉，从而控制身体。

在这里，给大家分享一段"身体扫描"的正念冥想引导语。

找一个安静的地方坐下来，挺直腰背，头部摆正，放在一个舒适的位置，将手放在你的膝盖上。深呼吸，用鼻吸气，用嘴巴吐气，慢慢地连续做5次，闭上双眼。请感受你臀部与椅子接触的感觉，力量是否均匀分布。感受脚掌接触地面的触觉，感知接触的部位、落地的力量，感知两脚是否均匀着力。然后从头顶开始扫描，依次为额头、眉间、脸颊、下巴、脖子、肩部、肘、手、背部、腹部、大腿、膝盖、小腿、脚，留意哪里舒服、哪里不舒服，哪里绷紧、哪里放松，是否有酸、疼、胀、痒、麻的感觉。如此，我们再重新从头顶开始扫描，依次为额头、眉间、脸颊、下巴、舌头、脖子、肩部、大臂、肘、小臂、手掌、手指、背部、腰部、腹部、大腿、膝盖、小腿、脚踝、脚掌、脚趾。如此，再感受一下全身的感觉，我们与椅子接触的感觉，我们脚与地面接触的感觉。一切都如此安然，慢慢地睁开眼睛，记住这份感觉，将其带到生活中的每个角落。

大家记下这些引导语之后，可以找一个空闲时间和安静场地进行体验或练习。值得注意的是，正念呼吸时，请你抛开所有的思绪和想法，对自己的身体全神贯注，察觉呼吸的流动和身体的变化。

（二）评估差距：衡量现实与理想的距离

每个人都有自己的目标和理想，都有自己期待的模样。对比现实自我与理想自我的差距，思考怎么缩短差距，朝着目标前进，这也是进行自我认识的重要方法。

例如，你可以思考在个人健康、个人工作成就、家庭关系、同事人际、金钱财富等方面的现状，思考如何通过实践去达到理想状态。

在现状和理想的对比中，在实践探索时，我们可以让自己清醒认识到"此时此刻我拥有的""我有什么样的资源""我的能力""我的目标和理想"等人生问题。

（三）他山之石：自我评估量表

心理量表是通过专家制定的、科学规范的、最大程度测量某一心理特质的结构化题目。心理量表的结果可以直接反映我们心理特质，帮助我们了解自己。心理量表有很多种类，如人格量表：《大五人格测验——中国版》《艾森克人格问卷》《明尼苏达多项人格测验》；智力量表：《韦氏智力量表》《瑞文推理测验》《加德纳多元智力量表》；职业测评量表：《霍兰德职业兴趣量表》等。

下面以具有中国文化特色的人格量表《中庸自我》举例说明。① 西方心理学家以"个体—集体"维度对中西方不同文化背景下的自我进行分类，认为在中国文化下的自我是"集体/依赖自我"。中国心理学家提出的"中庸自我"，是对中国人自我结构更加精准的描述。

杨中芳和赵志裕（1990）最早提出"中庸"社会心理学构念化，将"中庸"建构成为一套"元认知"的"实践思维体系"。其中，"元认知"又称"认知方式"或"思维方式"，是指人们用来获取及应用知识的架构；"实践思维"是指人们在处理日常的生活事件时，对要采取何种应对策略、如何行动、如何事后反思纠正等的思考。中庸实践思维就是行动者根据情境在两种看似对立的状态之间拿捏分寸，取得最佳的行动结果。②

杨中芳择取"中庸之道"作为人们做人处世及解决问题的基本思维方式和普遍原则，并编制了中庸量表（杨中芳，2008）。量表共包括八个维度：大局为重，不走极端，天人合一，以退为进，合情合理，考虑后果，拿捏权变，静观形势，用来测量中庸思维的三个向度。

二、他人反馈：以人为镜

19世纪末20世纪初的美国社会学家查尔斯霍顿·库利（C. H. Cooley，1902）认为，人们观察自己是如何被他人看待的，这种知觉决定了我们如何看待自己。③ 他

---

① 林升栋、杨中芳：《自评式两极量尺到底在测什么？——寻找中庸自我的意外发现》，《心理科学》，2007（4）。
② 杨中芳、赵志裕：《测谎题到底是在测什么，教育研究与实验》，1990（3）：10。
③ Cooley, C. H.［M］. Human nature and the social order: Transaction Publishers, 1992。

提到了一个术语：镜像自我，就是以他人为镜子，即我们在他人眼中所看到的自我。在库利的"镜像自我"理论基础上又发展出反射性评价模型，其包含三个部分：他人对我们的真实评价→我们对这些评价的知觉→我们的自我评价。例如，群众对我们扶贫工作的认可→我们认为这些评价是客观准确的→我努力工作有成效，我是有能力、负责任的。我们常说的"以人为镜"就是反射性评价的通俗说法，即我通过观察你如何看待我来决定我如何看待我自己。

（一）主动询问他人对自己的评价和判断

我们工作的目的是服务群众。工作做得好不好，第一重要的衡量标准就是群众的满意度。《民意调查表》、群众信箱、工作热线等，这些都是我们主动倾听群众建议和意见的途径。群众的反馈有助于我们调整工作的方式方法，我们对反馈的知觉也会影响我们的自我概念：我是优秀合格的基层工作者，我是有价值的，我对自己是满意的。

为了提高自我认识，我们可以主动多渠道地搜集他人对自己多方面的评价，从周围了解自己的亲人、领导上级、同事同伴，搜集他们对自己生活、工作、作风、品质、能力等诸多方面的评价，通过充分了解自己在他人眼中的形象，来补充自我认识中的盲区，修正和扩充自我概念。

（二）将他人反馈与内省比较——乔哈里窗

对他人的反馈和评价，个体自我的概念并不是全部吸纳或完全拒绝。对于他人的评价反馈，我们应怎么运用和处理呢？

乔瑟夫（L. Joseph）和哈里（I. Harry）在20世纪50年代提出了"自我意识的发现—反馈模型"或"信息交流过程管理工具"——乔哈里窗。乔哈里窗将人的自我认识分成了四个部分（见表1-1）。

表1-1　乔哈里视窗

	自己知道	自己不知道
别人知道	公开区	盲目区
别人不知道	隐蔽区	未知区

公开区中的信息我们自己知道，别人也知道，如姓名、家庭基本情况、兴趣爱好等。公开区也不是完全公开的，亲近熟悉的人对我们更为了解。公开区信息的开放受诸多因素影响，如我们的个性、人际交往的广度、对他人的关注度及信息本身的利害关系等。在公开区，自己和他人对信息都掌握，因此可以进行有效的沟通。

在隐藏区中，有一些信息是自己知道而别人不知道的，如自己的秘密、期望、喜好、真实想法、缺点等。我们不可能将自己完全暴露在所有人面前，每个人都有一部分隐藏区，这是正常的。但值得注意的是，如果隐藏区过大，较容易带给他人疏远孤僻的印象，容易与他人产生隔阂，不利于我们综合他人对自己的看法，可能造成自我认识与他人认识不一致。

盲区是指有一些关于自己的信息，自己不知道，别人知道，如性格上的不足、需要改变的行为或习惯等。为了增进对自己的了解，我们可以主动询问他人对自己的看法和评价，缩小自己的盲区。

未知区的信息自己不知道，别人也不知道，如尚未表现出来的潜能。在未来生活工作的某一个契机，可能会被我们发现。每个人都有未知区，因此我们需要不断地对自己进行探索。

基层工作者可以加强与工作团队的沟通，或者与上级和群众的联系，提高自身信息的曝光度，增加信息的透明度和真实度，勇于自我揭露，扩大公开区。我们对自己的思想动态、精神面貌、工作态度的主动分享，就是在促进自我认识或自我反思。也就是在分享中思考，在沟通中探索。但需要注意的是，我们在工作中的人际交往不同于朋友之间的私交，应注意避免公开过于隐私的问题，保留一部分隐藏区。在盲目区，我们用心聆听他人对自己的评价和反馈，尤其是他人对自己的批评意见。这时候，我们需要放下对自己的固有认知，虚心面对他人的反馈。但我们也需要思考他人对自己反馈信息的质量，是否客观、公正，其动机是否真的是帮助自己。

未知区包括自己和他人都不知道的自我信息。这是一个"宝藏区"，可能会通过偶然的、不经意的方式遇见全新的自己。正如，你不知道你有领导力，是因为没有在领导岗位上；你不知道自己做得这么好，是因为之前没做过。通过学习或尝试，拓展自己的能力，弥补自己的短板。在学习锻炼的基础上，我们走出舒适圈，尝试新任务新挑战，体验全新的自己，并且继续学习，拓展新能力。

三、社会比较：自我面面观

费斯廷格（L. Festinger）在 1954 年提出了社会比较理论，认为人们具备对自己的能力和观点进行评估的动力和需求，一旦处于特定情境中的个体不具备进行自我评估的条件，他便会通过和其他人进行对比来完成对自己的评估。班杜拉的社会学习理论提出观察学习和替代强化。班杜拉认为人的学习除了直接个体经验外，还有间接经验，获取间接经验中的一种就是观察他人。替代强化就是在我们观察到他人的行为受到奖励或惩罚时，我们会模仿相同的行为或克制该行为。例如，小时候观察到班级同学因为拾金不昧受到表扬，我们就会模仿，捡到物品就上交给教师。研究表明，社会比较有助于自我概念的清晰化。

（一）上行比较——榜样的力量

确定一个榜样，将自己与榜样对比，这是一种上行比较。我们的榜样可以是生活、工作上不同方面的不同人。在确立榜样的过程中，我们在外界环境中找到了一个"理想自我"的现实具象。与榜样的比较，也是现实我与理想我的比较。

进行上行比较时，会产生同化效应。同化效应指的是个体在进行比较时，将我评价的水平与比较目标的水平对齐的现象。在挑选榜样的时候，我们就认同并内化了榜样的品质和行为，榜样为我们的行为提供了一个参照和较高标准，我们对标现有状态，思考如何学习榜样、达到目标，从而影响自我概念：我现在是谁，我要去哪儿，我如何去。

在与榜样比较的时候，需要接纳自己现有的不足和差距，根据实际情况评价自己，多给自己一些时间和空间去努力进步，避免妄自菲薄，造成自卑心理。

（二）平行比较——同龄人的参考

与同龄人或共同点较多的人进行比较，同样可以为我们的言行提供参照。有研究者认为，同行比较的信息更为准确，参考性更大。例如，当我们发现自己的工作成效与同事有区别，我们可以观察同事在工作中运用的方法和展现出的品质特点，有哪些是自己可以学习借鉴的。在学习借鉴时，就可以扩充自我概念，提高自我认识。

（三）下行比较——警诫和提醒

下行比较是指将自己与表现不如自己的人进行比较。下行比较具有维护心理健康的意义，可以提升我们的自尊水平和幸福感。下行比较在获得优越感的同时，可以让我们更多地思考不如自己的人在哪些方面做得有欠缺，进而提醒自己注意。例如，我们在看到一些共产党员没有坚守理想信念、做出贪污违法行为时，我们可以从案例中强化自己的身份和信念，再次加强自我概念中的心理我和社会我。

【问题研讨】

1. 你认为认识自己重要吗？认识自己对我们的生活和工作有哪些帮助？
2. 增进自我认识的方法，哪些是你在生活中已经实践过的？效果如何？
3. 通过本章的介绍，接下来你会采用什么样的方式增进自我认识？

第三节
基层工作者自我认识的典型案例

在前两节中,介绍了自我认识、自我认识的方法。下面我们走进刘昌法书记的脱贫攻坚工作实践,一起探索自我认识的作用和方法,帮助我们思考在增进自我认识的同时,增强工作成效,提高群众满意度。

一、身边榜样:"蚯蚓书记"刘昌法

为确保到 2020 年我国现行标准下农村贫困人口实现脱贫、贫困县全部摘帽、解决区域性整体贫困,2015 年 11 月 29 日,《中共中央 国务院关于打赢脱贫攻坚战的决定》提出了一整套精准扶贫、精准脱贫的计划和解决方案。

刘昌法是千万扶贫干部中的一员。从 2012 年 4 月开始,刘昌法扎根农村,先后在博山区上小峰村、西沙井村,沂源县石柱村和淄川区东东峪村,3 个区县 4 个村担任"第一书记"。9 年来,他先后带领 4 个村 700 多名贫困群众实现稳定脱贫。刘昌法先后荣获全国"人民满意的公务员"、全国脱贫攻坚奖贡献奖、"中国好人榜"敬业奉献好人、山东省优秀共产党员、"全国脱贫攻坚先进个人"等荣誉。[①]

当"三个我"发生冲突时,该如何选择?

刘昌法身患严重过敏性湿疹等疾病,奇痒难忍、昼夜难眠;父母、妻子重病,需人照料;提拔为副县级干部,有 5 次驻村到期返城机会。对刘昌法来说,自己的身体(生理我)有诸多不适,有儿子、丈夫和扶贫干部多个角色(社会我),有回城拥有舒适

[①] 选自中国文明网对刘昌法的专题报道和《向榜样看齐》中刘昌法的感人事迹。

生活条件的选择的机会，也有为坚守理想信念继续驻村的抉择冲突（心理我）……

从刘昌法的事迹报道中，我们可以看到很多生理我与社会我、多个心理我、多个社会我之间的冲突。每一次，在"三个我"的冲突中，刘昌法用坚守在扶贫第一线的实际行动，向我们展现了他的选择。刘昌法的故事之所以感人，是因为他为大我舍小我，将脱贫攻坚的理想信念（心理我）和驻村扶贫干部（社会我）放在第一位。

在工作中如何协调现实我、应该我和理想我

对于2012年刚到扶贫村的刘昌法来说，他的理想我是带领村民摘掉贫困帽，而现实我是乡村太贫困，工作难度巨大，自己一时无法完成。刘昌法一直坚持理想我，并没有屈服现实，他发挥应该我的自我能动性，开水厂、发展旅游业、规划了生态观光农业园区项目等，让乡村一点点蜕变。

在将现实我与理想我进行对比的时候，确实会让人会感到差距太大，可能会信心不足，沮丧难过，这时候我们可以学习刘昌法。他运用了应该我的作用，扶贫干部应该做什么？应该怎么做？用应该我促使自己行动，不断缩小了现实我与理想我的差距。

正确的自我认识提高幸福感

刘昌法在采访中说："将心比心、以心换心。你对老百姓亲，他们就会对你更亲。""看着村子里一点点变了样，感到莫大的欣慰与自豪，扶贫工作真的会干上瘾。"在刘昌法的话语里，我们仿佛能看到他当时脸上的笑容，能感受到他从心底涌上来的喜悦和幸福。

刘昌法对自我的认识是清晰明确且坚定的，放在第一位的始终是社会我——扶贫干部。在"三个我"冲突时，他并不犹豫和纠结，始终站在脱贫攻坚的第一线。现实我、应该我和理想我之间也是为同一个目标奋斗协调统一，在现实我与理想我差距不断缩小的过程中，能感受到自我实现的成就感和幸福感。

二、自我认识策略的案例解读

"10月21日，小雨，上午，重点走访了徐广胜母亲和焦守法母亲，两位分别为85岁、88岁的高龄老人……"

"12月27日，多云转晴，今年的一万元工作经费还未用，用于补贴60岁以上老

人买煤的一万元还剩下三千五百元……"

"1月10日，多云，步行6公里到莱芜区老姑峪村走访88岁的张大娘，返程途中，看望由姑姑代为抚养的智障女人刘持华母子……"

坚持写工作日记，看似是一条条事件的记录，其实可以看到他工作的成果和进步，以及形成的良好的自我概念。他在不断地强化社会我和应该我。

每到一个村，刘昌法的第一项工作就是挨家挨户拜访村民，走访时都会随身带上一支笔、一叠便民联系卡、一张叠得能够塞进手机壳的小纸片，为的是在调研民情、访谈民众时，搜集老百姓对于扶贫干部的期望和建议，运用民众的反馈进行自我认识的调整。群众的反馈，让刘昌法坚信自己坚守扶贫第一线的选择没有错，自己要成为为老百姓干实事的理想我正在实现。

刘昌法在接受采访时说，他最不愿看到有些干部"就是这样，多年来都这样的"麻木心态。刘昌法将自己与"麻木心态"的干部进行下行对比，发现自己的理想信念和干部身份不允许"麻木"，因此警醒自己，用实际行动展现严实作风、百姓情怀和吃苦奉献精神。

自我认识与个体发展、人格健全和幸福感、心理健康息息相关。作为基层工作者，对自己的认识不够全面、不够客观，轻则可能带来个体内心困惑、人际矛盾，重则可能会丢失理想信念，犯一些法律或政治错误。反之，基层工作者能清楚地了解自我，特别是把握好社会我、现实我和党性意识，可以在生活上找到幸福感，在事业上获得成就感，在人生中体验价值感。

【心理探索】现实我与理想我

请思考健康、工作、家庭等多方面现实我处于什么样的状态，期望的理想我是什么样的，尽可能详细地描述，并且思考如何达到理想我的方法。

任务单1：现实我与理想我			
现实我	理想我	进步的方法	
个人健康			

续表

任务单1：现实我与理想我			
个人工作成就			
家庭关系			
同事人际			
金钱财富			
…			

资源链接

1. 图书《最熟悉的陌生人：自我认知和潜能发现之旅》

本书是美国弗吉尼亚大学著名心理学家提摩西·威尔逊的代表著作，向我们展示了一个由判断、感觉和动机构成的潜藏的内心世界。该书入选《纽约时报》"2002年度非常有思想性的100本图书"，是当今心理学界很有影响力的作品之一；同时，该书也是哈佛大学出版社受热捧的心理学著作，长期盘踞心理学图书畅销排行榜榜首。

2. 图书《人类简史：从动物到上帝》

本书作者尤瓦尔·赫拉利是牛津大学历史学博士，青年怪才、全球瞩目的新锐历史学家。该书讲述了人类从石器时代至21世纪的演化与发展史。透过此书，我们可以看到科学技术的发展，超出了人类自身的进化速度和程度。当外部世界变化过快而人对自身的理解与革新跟不上的时候，人就会在日益混乱和错综复杂中出现心理矛盾以及认知混淆。

3. 图书《你不必更好，也很好》

本书作者周小宽是国内知名的心理咨询师、情绪管理和焦虑缓解专家，1700万用户的网络心理学平台"壹心理"人气专栏作者，"张德芬空间"专栏作者，众多10万+文章的缔造者。他的作品被"武志红""心理公开课""十点读书""凯叔讲故事""富兰克林读书俱乐部""心理FM""胡慎之"等公众号踊跃转载。

4. 电影《心灵捕手》

该片由格斯·范·桑特执导，罗宾·威廉姆斯、马特·达蒙等主演。影片讲述了一个名叫威尔（Will Hunting）的麻省理工学院清洁工的故事。威尔在数学方面有过人天赋，却是个叛逆的问题少年，在教授蓝勃、心理学家桑恩和朋友查克的帮助下，威尔最终把心灵打开，消除了人际隔阂，并找回了自我和爱情。透过该片，我们或许可以看到认识自我并非一帆风顺，需要借助他人的反馈和帮助，才有勇气面对自我认识的问题，厘清障碍，揭开那些自己不敢面对的自我世界。

02

第二章
整合者和:基层工作者的自我整合

身为基层工作者,我们拥有很多身份特征:是高举旗帜的带头人,是坚守一方的守护人,是体贴群众的贴心人,是自我家庭的中坚人。虽然我们的职业和岗位是相对固定的,但我们这些不同的"身份"能帮助我们在基层工作中创造出更多的可能性。那么,在面对不同身份转变及冲突时,如何进行自我探索、自我整合呢?本章将从什么是自我整合、为什么要做到自我整合、自我整合与心理健康的关系,以及促进自我整合的方式等方面展开。

第一节
基层工作者自我整合的心理知识

一、自我探新：什么是自我整合

自我整合，即个体调和自己人格中的各个层面，使自己在内在身心需求、外在环境现实以及未来理想等方面均和谐一致，达到一种个体自我、社会自我和心理自我相调和的状态。

个体自我是对自我内容的认识（我是谁）和评价（我对自己感觉如何）。社会自我是个体对自己在社会生活中所担任的各种社会角色的知觉，包括对各种角色关系、角色地位、角色技能和角色体验的认知和评价。基层工作者的社会自我，既包括在工作岗位中担任的角色，又包括在家庭中担任的角色。美国心理学家戴维·迈尔斯（D. Myers）认为，社会自我衍生于人际关系团体和较少有个人分组的团体。心理自我是指个体对自己心理属性的意识、情感和评价，这些关系和范畴成了自我整合的一部分。基层工作者的心理自我，包括对工作整体层面的认识，处理工作问题、家庭问题的情感，对待工作的评价等。自我整合从各个自我的维度上讲，要做到个体自我中本我、自我和超我达到一定水平上的平衡，做到在社会自我中实现不同角色和身份的价值，做到在心理自我中对自己心理过程、心理状态和心理特征的认知和评价。个体完成个体自我、社会自我和心理自我相整合后，就会达到一个健康的心理状态。

身为基层工作者，我们中的大多数或许还有另外一层身份——共产党员。作为党员，我们要时刻内省自我，保持党性，即关注内在自我；我们在基层奋斗，为人民服务、为百姓服务，即实现社会自我；我们完成心中的目标和理想后，即达到心理自我。三者之间是相辅相成、相得益彰的。我们完成了每个自我阶段的任务，就达到了个体自我、社会自我与心理自我的整合状态。作为基层工作者，我们在整合内在自我时，常常会面对私利、权色、欲望，此时要控制好自己，切不可一味地遵循"快乐原则"；在整合社会自我时，要权衡好家庭与工作之间的关系，要分清此时此刻最重要的社会任务、身份任务是什么，进而完成当下最重要的任务；在整合心理自我时，要学会制定自身成长的目标和规则，整合自己的优缺点，进而实现自身的价值。

年轻基层工作者是党和国家事业发展的希望，必须筑牢理想信念根基，守住拒腐防变防线，树立和践行正确政绩观，练就过硬本领，发扬担当和斗争精神，贯彻党的群众路线。从自我整合的观点来看，即我们在理想信念上，要整合好个体自我，铸牢理想信念，时刻牢记党的使命及初心，成为一名肯办事、办实事的基层耕耘者；在行动上，要整合好社会自我，完成党交给我们的任务，成为一名有理想、有责任、有担当的群众守护者；在结果上，要整合好心理自我，对自己的工作内容及工作过程有一个客观的评价，成为一名无愧于心、不畏于行的坚定奋斗者。

二、与我何关：为什么要做到自我整合

1. 自我整合与个体的关系

自我整合度高的人，通常有以下特征：内心平和、情绪稳定、同理心强，有一定的社会支持，面对困难和挫折，内心冲突较少。而自我整合度较低的人，往往将更多的时间放在"内耗"上，纠结自己在领导面前说的话是否得体、在下属面前是否有一个美好的形象，发生在自己身上的窘境通常能回想好几天，甚至夜不能寐。实现自我整合，即要接受自我、认可自我，做事前可以做最周全的思虑和打算。若瞻前顾后、左顾右盼、优柔寡断，就会让自己陷入纠结和痛苦之中。既希望得到，又担心失去；既希望进步，又害怕失败，总是小心翼翼。成长是通过无数次坎坷积累出来的，面对失误，应该学会正视自己，合理分析利弊。

没有100%完全整合的人，减少自我否定，活得通透且不纠结，相信内心的力量。生活不会一帆风顺，发自内心地包容自我、实现自我整合，便是走向幸福人生的开始。

2. 自我整合与家庭的关系

我们在家庭中或为人子女、或为人夫妻、或为人父母。在成长过程中，原生家庭培养了我们的性格，以及处理关系、情感的方式。在成年前期尚未完成自我整合、自我分化，会对自我的未来发展产生负面的影响。

焦虑的母亲＋缺席的父亲＝失控的孩子，这是当前部分家庭的真实写照。我们要学会正视原生家庭中出现的问题，探索自我、反思自我，发觉尚未整合的自我。请大家思考一下，自己是否因为在原生家庭中缺乏安全感，所以拼命希望对方关注自己？是否因为父母从未肯定过自己，所以觉得自己一无是处，甚至全然否定你的孩子？是否因为父母对情感反应木讷，所以自己面对情感也如此淡漠？我们既有家庭的压力，又有工作上的压力，在双重压力下，应该学会整合自我需求和需要，完成好自我分化。

3. 自我整合与工作的关系

请大家回想一下，初入职场时，你的初心是什么？那个朝气蓬勃、锐意进取的你，在遇到困难时都是如何调整自己的状态、解决问题的呢？随着年龄的增长，你逐渐成为这个社会的中流砥柱，不但需要托举起整个家庭，而且会在职业生涯中产生倦怠，面临"高不成，低不就"的窘状，你又是如何做的呢？

美国心理学家罗杰斯认为，我们都会有理想自我和现实自我。现实自我是指个人在与环境的相互作用中表现出来的现实情况和实际行为，是个体在社会存在中的真实形象；理想自我是指个体自身的理想或者为了满足内心的需要而在意念中建立起来的有关自己的理想化形象。在理想自我中，我们希望是他人心中的好领导、好下属，而现实生活中，也许会听到很多背后的声音。如果你为此感到沮丧，请回忆一下，当初选择这份工作是为了什么？收获过赞美和夸奖吗（哪怕只有一次）？收获赞美和夸奖的你那时候做了些什么呢？诚然，要从工作中找到归属感、成就感，是一件不容易的事情，我们要树立正确的理想自我，制订清晰、近期可实现的计划，进而努力提高现实自我，抛弃不切实际、不合时宜的想法，真正做到理想和热爱相结合，在工作上实现更大限度的自我整合。

三、健康之我：自我整合的意义

自我整合能够促进心理健康的发展，其目的是处理个体内心的矛盾冲突。埃里克森的心理社会发展理论认为，个体一生中的每个阶段都要面对一种特有的心理冲突，各个年龄段的心理冲突都有不同的主题。如果及时做好个体整合，成功化解危机，就能进入下一发展阶段；如果问题不能得到解决，人就会失去平衡，个人成长将受阻，心理健康水平则日趋下降。各个阶段的心理发展冲突如表2-1所示。

表 2-1　埃里克森心理社会发展理论之心理阶段

年龄段	心理冲突	发展顺利者心理特征	发展障碍者心理特征
0~1岁	信任对不信任	产生信任及安全感	产生不安全感、焦虑
1~3岁	自主独立对害羞怀疑	自信、能自主行动	怀疑自我、感到羞愧
3~6岁	主动对内疚	主动、好奇	畏惧、缺乏自我肯定
6~12岁	勤奋对自卑	丰富社会技能	缺乏自信、有失败感
青少年期	自我同一性角色混乱	形成自我认同欣赏自我	内心混乱、不清楚应该成为什么的人
成年早期	亲密对孤独	与他人建立亲密关系	感到孤寂，与社会疏离
成年中期	爱心关怀对自我关注	关注家庭，有责任感	过分关注自我，缺乏意义
成年晚期	自我调整对悲观绝望	对一生感到满足	悔恨、沮丧、凄凉

各个阶段有各个阶段的心理发展目标，应当明确我们每个阶段的目标。应在每个阶段解决好心理冲突，在婴儿期与养育者建立起良好的信任关系，在儿童期与父母建立舒适的亲子关系，在青少年期与同伴建立和谐的朋辈关系，在成年期与外界建立稳定的社会联系，完成与养育者、父母、朋友、社会的个人整合，逐渐了解"我"应该是一个什么样的人。自我整合程度较高的个体会有较强烈的生活幸福感，会达到积极且健康的心理水平。

【扩展阅读】自我呈现与社会角色整合

自我呈现论是指人们运用多种策略控制和把握自己外在形象的理论。通常，人们在不同的人际交往和公众面前总是对不同的人展现不同的自我，以便给他人留下最佳印象。自我呈现也被称作"印象管理"。一旦行为表现和想法发生冲突，就会发生内在和外在不一致的结果，导致自我整合失败。尤其是当我们在平衡家庭和工作两者之间的关系时，难免会有偏重一方的情况，此时社会角色内容也可能会发生冲突。

当自我呈现与内在自我发生冲突时，如何进行整合呢？首先，要评估自己当下最重要的社会角色是什么。接着，在具体情景选择最重要、最突出的身份。最后，完成最重要、最突出身份的任务。比如，当工作中面临重点、难点时，需要再度坚持一口气、拧成一股劲的时候，人民群众此时此刻最需要你，对于家庭身份承担社会角色的部分也许可以选择暂时搁置。我们都既想在家庭中成为孩子们的榜样，又希望在工作中坚守为人民服务，但有时我们必须舍小家为大家。敢于担当，责任在肩，是基层工作者的特殊使命。坚持做好最重要的部分，把握好整体方向，完成应有的角色使命，做到内在外在一致，就会在自我整合中体现价值。

第二节
基层工作者自我整合的心理方法

"权力不大，责任不小；工资不高，事情不少。"基层工作者常常以此自嘲。任务应接不暇，日程满满当当，每日疲于奔命，久而久之，基层工作者的工作状态和精神压力易产生较大的变化。作为基层工作者的我们，既承担着社会角色，也承担着家庭角色，在双重重担下，很多人无法进行良好的整合，思想上容易出现抑郁情绪。在工作当中，基层工作者面对任务时个人期望较高，理想自我与现实自我常常发生冲突，容易出现急躁心理。而我们又想更快地解决问题，却未做好相应的心理准备与行动准备，当期待与实际无法整合时，就容易出现紧张的状态。这些都是基层工作者在工作中的真实写照。那么，基于基层工作者的身份特征、心理特征，如何解决以上问题，形成良好的自我整合呢？我们首先要做的就是探索自我，进而突破自我、超越自我。本节将提供几种心理小技巧，带领大家学习如何进行自我整合。

一、自我探索：知己知彼，整合社会自我

1. 了解你自己：我的"身份卡"

在生活中，我们扮演着诸多角色，拥有很多身份。我们是丈夫、妻子，是儿子、女儿，是父亲、母亲，是领导、属下，是老师、学生……同时，"我"也是"我自己"。那么"我"，到底是一个什么样的人呢？

请在以下栏目中，请大家以"我是____的人"为句式将空行补充完整，充分进行自我探索，展示自己的性格、秉性。

```
                           "我"是谁

      我是一个   不怕困难、敢于吃苦   的人（示例）
      我是一个_____的人    我是一个_____的人
      我是一个_____的人    我是一个_____的人
      我是一个_____的人    我是一个_____的人
      我是一个_____的人    我是一个_____的人
```

时代发展迅速，我们很少能够静下心来想想成年后的自己，到底会成为一个什么样的人。童年时期的语文课上，我们总会畅想未来，期待成为一名科学家、老师、工程师、飞行员……成年后，我们逐渐了解到，生活中有些角色与身份不是我们自己能够抉择的，但是它依旧存在于现实中。接下来，请大家根据提示，请在以下栏目中填写你在生活中的角色，并写出在扮演该角色时你的优点有哪些（至少三条）、你的缺点有哪些（至少一条）。同时，邀请角色对应的他人，询问他人眼中的你有什么样的优点（至少三条）和缺点（至少一条）。

```
                           我的身份卡

      我的角色是：_____      他/她是我的：_____
      我的优点是：_____      他/她眼中我的优点是：_____
      _____      _____
      _____      _____
      _____      _____
      _____      _____

      我的缺点是：_____      他/她眼中我的缺点是：_____
      _____      _____
```

请对比他人眼中的我与自己眼中的我，看看有什么不同。也许你眼中的自己是个未曾照顾到孩子的爸爸，但孩子的眼里你却像超人一般，在他/她需要的时候出现在他/她的面前；也许你眼中的自己是个急躁的人，但在他人眼里你可能是个积极、热情的人。优点和缺点只是相对而言的，并无好坏之分，重要的是你用什么样的角度看待自己。一个吝啬的人可以去做会计，因为他会对数字格外敏感；一个内向的人可以负责细致的事务，因为他会格外细心和谨慎。学会将自己的性格特点转化成工作优势，未曾认可自我的部分或许将成为你的优点。

思考：

（1）我的哪些性格特征可以转换成我的优势？

（2）我的缺点如何才能转化成我的优点？

2. 接受你自己：事无巨细，人无完人

在工作中，我们常年处于任务多、压力大的状态。"上面千条线，下面一根针""上面千条线，下面一张网""上面千把锤，下面一根钉""上面千张嘴，下面一条腿"等，成为我们描述自身处境的常用话语。很多在一线担当作为的基层工作者长期处于压力应激状态，生理、心理的持续紧张得不到舒缓，在身心健康方面逐渐进入"疲态"。我们总是希望把工作干好，交出一份完美的答卷，但现实总是事与愿违。那么，如何调整自己、接受自己呢？

在工作中，首先我们要正视自己的能力。事无巨细，人无完人，工作是永远干不完的，我们能做到的就是调整好自己的心态，明确什么工作我们可以发挥个人优势，能够快速地做好、做完；什么工作不是我们所擅长的，需要调动团队，发挥团队的作用，共同面对、共渡难关。其次，要根据自己的性格特点，做合适的工作。外向性格的人善于和别人打交道，他们积极热情，但做事难免过于急躁；而内向的人虽然不擅长与他人沟通，却能够保持专注和执着。最重要的是要做到扬长避短，不要总是想着如何将短板补成长板，而要学会发挥长处，换个角度看问题。最后，对于工作任务，可以高要求、严标准，但是不能要求自己做到事事完美。什么都想做、什么都想做好几乎是不可能的，而完美主义反而成了我们拒绝和拖延做很多事的借口。追求完美的人，对结果会过于"理想化"。追求完美，其实更像是在避免失败。不完美是常态，接纳不完美，才能保持积极乐观的心态，从而发自内心地接受自我、肯定自我，更好地整合现实自我和理想自我。

二、以心养心：走进内在，整合个体自我

1. 自我暗示：学会积极的心理暗示

在工作和生活中，我们遇到困难的事，常常会有这样的想法："这么难的工作要是不能及时完成，肯定要被骂得狗血淋头了。""孩子考试考得不好，又要被叫家长了。""这工作真难干啊，我太累了，真的不想再干下去了。"磨难和挫折往往会激起我们的负面情绪，让我们陷入情绪化的感受中不能自拔。而上述想法，无疑是给我们的内心"火上浇油"。

心理学研究表明，心理暗示会给我们的生活带来很大的影响。暗示效应会通过含蓄、诱导的间接方法对人们的心理和行为产生影响，从而诱导人们按照一定的方式去行动或接受一定的建议和意见，使其思想、行为与暗示者期望的目标相符合。心理暗示可以分为自我暗示、他人暗示和环境暗示。自我心理暗示是靠思想、话语对自己施加影响的心理活动。消极的心理暗示往往会造成更消极的后果，而积极的心理暗示则会让事物向更积极的方向发展。我们不妨多学习一些心理暗示的小技巧。

信念和信仰都是积极的心理暗示。在工作中，正是有如此多的坚定理想信念的党务工作者，基层工作才变得有声有色。安徽凤阳县小岗村党支部原第一书记沈浩，面对贫困落后的小岗村，没有灰心和放弃，而是秉承初心，坚定自己的理想信念，深入基层，相信自己一定能够带领小岗村脱贫致富。除了在精神上、言语上鼓励自己，沈浩身体力行，在上任一个多月把全村 108 户全跑了个遍，在做到与村民感情零距离的同时，实现了与小岗村情的"全对接"。沈浩提到，他知道这条路艰难险阻，尤其是面对探索推进土地承包经营权流转改革时的压力，他选择了坚持。但只要有利于群众，有利于发展，他就会一直干下去，相信"相信"的力量。

如何做到给自己积极的心理暗示呢？我们一起来做以下尝试。

（1）早晨起来面对镜子，先给自己一个微笑，并说出自己的期待，给予自己正向的肯定。例如：我是×××，我是个勤奋、积极、热情的人。我相信事情都会解决，相信我可以做到，一定可以做到！

（2）将自己的梦想、期待改为正向语言。看到身边人发生不好的事情，我们常常会想"这件事千万不要发生在我的身上""万一出现在我的生活里，我一定会痛不欲生"。其实，我们头脑中所产生的这些负向内容，呈现在我们头脑中的也是负向感受，这也是有人觉得不好的事情会发生在自己身上的原因。由于给自己的暗示是"不好的

事情千万不要发生在我的身上",所以想到的都是不好事情的结果。可以尝试换作另一种表达方式,如"我相信自己是幸运的""这些任务我能完成得很好"。看似简单的事情如果能够坚持下来(可以先尝试一周),生活会有意想不到的惊喜和快乐。

(3)坚定信仰和信念,时刻牢记初心,体会初心。哥伦布发现新大陆不仅仅是因为有航海图,最重要的是他在出行前有坚定的信念,相信自己可以。共产党人的信念即"为人民服务",作为基层工作者,要坚定初心,相信人民,相信群众的力量,向榜样学习,时刻给予自己积极的观念,相信自己解决问题的能力。

2. 呼吸放松:抱抱内在的自己

完成自我整合,可以先探索童年阶段的自我是否完成了该阶段的心理任务。也许在童年阶段我们都有受伤的经历,这种经历可能是家庭的不被认可,可能是外界的被孤立。当初那个孤独无助的我,是如何面对难过和委屈的呢?如今我们已经长大,再回去看当初的自己,是否愿意向他伸出援手呢?接下来将给大家分享一个简单的方法,让我们回到过去,用现在已经成熟强大的自我,去安慰那个童年时期受伤的自我。

首先,找到一个舒适安静的环境,可以躺着也可以坐着,先做两次深呼吸,让自己完全放松下来。接下来,在你的头脑中,慢慢地出现了一个小孩,这个小孩就是童年时期需要关心、需要呵护的你。他穿着什么样的衣服?他几岁了?他现在在做什么?在童年期曾受伤的自己,也许是无辜被冤枉,被父母责骂的你;也许是在小朋友的圈子中,受到排挤的你;也许是父母不在身边,只能独自面对一切的你……这个曾经的你越来越清晰,请你向他慢慢地走过去,张开你的双臂,去抱住那个小小的自己。请你告诉他:"我就是你多年后的样子,现在我已经长大了,可以保护你了。我明白你的感受,我知道你很委屈、无助,我愿意把全部的爱都给你。我希望能够抱抱你,你可以尽情地在我这里撒娇,我会一直爱你的。"在头脑中紧紧地抱住他,抚摸内在的自己,用自己治愈自己。

小贴士:

每晚睡觉前躺在床上,先进行放松训练,再进行冥想,效果会更好哦!

三、知行合一：兼顾内外，整合心理自我

1. 由内到外：关注身体，与自己交流

身体状况和情绪状态是息息相关的。中医古籍对情绪和脏腑有如下记载："怒伤肝、喜伤心、忧伤肺、思伤脾、恐伤肾，百病皆生于气。"人体五脏失调，会引起不同情绪反应；反之，情绪又会影响五脏。做好身心的自我整合，有助于促进心理健康发展。

中国古圣先贤非常注重与强调身心关系。先秦道家强调的重心轻身是中国心理学身心论发展的基础。秦汉至唐代道家对身心看法最大的创新之处在于认为"形""气""神"三者相互制约。《刘新子论》卷一《清神章一》提出："形者，生之器也；心者，形之主也；神者，心之宝也。故神静而心和，心和而形全；神躁则心荡，心荡则形伤。"这些都充分显示了心理、心脏和形体之间的关系：心理通过影响心脏来影响形体，且积极的心理能够促进形体的健康，消极的心理会对形体产生伤害。因此，若想身体健康，就要先保养心理，使心理健康。

基层工作者的情绪往往处于波动状态，常会有应激状态。应激是个体在面对突发情况时采取的一种短时间内提高身体机能的方式。比如，当我们面对危险时，身体机能会提高到比平时高很多的状态，以做好逃跑或战斗准备。作为基层工作者，时常会应对突发状况，导致我们长期处于应激反应状态，从而产生心律不齐。而且，由于情绪波动会抑制肠胃蠕动，还可能会患上胃病，出现食欲不振、消化不良、胃痛等情况，进而影响五脏六腑。

焦虑、恐惧、紧张等不良情绪是健康的天敌，消化系统是对情绪反应最为敏感的器官，情绪与消化功能有密切的联系。我们应该时刻关注自己的身心健康，了解情绪对五脏六腑的重要性。一个人能够做到身心合一、知行合一，无论遇到什么事情，都具有强大的抗挫折能力。那么，如何做到身心合一呢？

（1）适当运动，加快新陈代谢。在基层长时间工作，我们时常既劳力又劳心，很多事往往需要我们亲力亲为。长时间地从事脑力劳动，很容易让我们在体力上透支，同时也容易陷入焦虑状态。当身体动起来时，大脑才能停止思考，所以运动是调节焦虑最好的方式之一。运动时切记因人而异、因地制宜。如果你有运动的习惯，可以尝试做长跑、球类等剧烈运动；如果你有慢性疾病等症状，快走、慢跑、太极拳等运动会更适合你。先从工作中抽离出来，学会享受运动、享受生活，这是身心合一状态的开始。

（2）学会冥想，与自己对话。找一个安静的地方，盘坐在一张舒适的椅子上。调整好坐姿后，轻轻地闭上双眼，让你的面颊放松，把注意力放在鼻腔周围，然后放慢呼吸。用鼻吸气，感受气息正在经过鼻孔缓缓向内深入；用嘴呼气，感受气息正在经过嘴巴缓慢地向外呼出，每次呼吸的频率保持在 10 秒 / 次。在呼吸的过程中，内心逐渐放松，让安静的心持续地专注你的呼吸过程。接着，你向头脑中的自己说，我会全然接纳和爱我自己，尽管现在还有一些困难和挑战，但是我会接受自己、鼓励自己、相信自己。我知道我并不完美，正是因为不完美我才是最独特的。然后，头脑中慢慢地浮现出在工作中辛苦的你。此时的你告诉他，我有资格放松，我有能力放松，我的爸爸妈妈都允许我放松，我的妻子 / 丈夫都希望我能够放松……渐渐地，那个你心目中理想的自己、期待中的自己浮现在你的眼前。面对着他，说出你的目标，并告诉他，我正在向着这个方向努力，我会越来越健康、越来越快乐，我的工作会越来越顺利，家庭会越来越和睦……下面请想象出，成为心目中的那个自己需要做些什么，并构想出已经成为心目中自己的喜悦状态……请保持住这种状态，记住这种喜悦，把这种喜悦带回现实生活中。

> **小贴士：**
> 在冥想时，可以在手机里寻找相关的资源，包括微信公众平台有很多冥想的音乐、指导语，跟随音乐，会更快地进入状态哦！

2. 自上而下：学会沟通，拉近心距离

良好的人际关系有助于个体之间互相关系、互相帮助，能够降低心理压力，化解心理障碍。在基层工作中，完成自我与外界的整合，往往需要沟通。上传下达是重要的日常行为，理解好双方的意思才能更好地开展工作。那么，怎样进行沟通呢？

首先，要学会有效沟通。与下属沟通时，不要做别的事情，与其沟通时要认真聆听对方讲话，站在对方的立场看待问题。在办公室，可以与下属在茶几座椅处进行交流，而不是在办公桌旁，这样会让对方感到轻松，沟通的效率会更好。下达命令时，要态度和善，用词礼貌，让下属明白工作的重要性，同时也要给予下属自主权，与其共同探讨状况、提出对策。与上级沟通时，要记住找准时机，用数据和事实说话，提出你的建议，给上级做选择题而不是填空题。若意见相左，不要当面争辩；若要补充意见，

先要征求上级的同意，顾及其面子、情绪和立场。同时，也要让上级了解你，主动报告工作进度，虚心接受批评。

除此以外，作为基层工作者，还要学会倾听、与人交流，眼睛要注视着对方，注视着对方的双眼中间，会显得更亲切、柔和，而不是咄咄逼人。在倾听的过程中，要集中注意力，学会运用非语言回应，比如点头示意、眼神示意，这样让对方了解到你在认真倾听。如果时间紧迫，或者有别的原因现在不能听其讲话，也要主动地提出来，不要心不在焉地和对方沟通。

小测试：你是否能积极倾听？

请为以下句子打分，1表示从不如此，2表示有时如此，3表示通常如此，4表示总是如此。

问　　题	得　分
我在听人说话时能够不摇晃身体，不摆动自己的脚，或者表现出不安	
别人讲话时我能够直视着对方	
我关心的是讲话者在说什么，而不是在想我是如何看待这个问题或者自己的感受如何	
欣赏他人时我能够面带微笑，并及时给予回应	
我可以点头鼓励讲话者	
评分标准：得分大于15分，表明你的倾听技巧非常好；10~13分，表明你的聆听技巧需要改进；得分低于10分，表明你的聆听能力较低，需要进一步学习聆听的技巧	

3. 面对实际：坚定信仰，生活在当下

我们常会为过去的琐事而纠结，常常抱怨："如果当时我选择的是另外一条路，可能今天的结果会更好吧！"我们要做的不是改变过去，而是做好当下的自己。怀念过去的人只会陷入无限的循环当中，时间久了抑郁情绪会伴随而来；而时刻惦记未来的人，则会陷入焦虑。"为什么我过去没有这样做？""以后还有这么多的事情，我做不过来。"后悔和焦虑只会加速自我内耗，面对压力和任务最好的方式，就是行动起来，不是去想，而是去做。

活在当下，就是将注意力放在此时此刻。"吃饭就是吃饭，睡觉就是睡觉。"许多人在吃饭时还在刷手机、看电视，睡觉前还在思考工作的问题，没有做到关注当下的状态。许多基层工作者面对生活中的众多琐事，多数时间不得不思考、寻找解决问题的方式。如果长时间处于该状态，则会陷入无尽的情绪和思绪之中。回到过去或想到未来，忘记当下生活的状态，都不利于身心发展。从思绪中抽离出来最简单的办法，就是走入大自然，抬头看看蓝天白云，低头看看花草树木，把注意力放在身边真实的事物上。如果遇到思维瓶颈，也不要逼着自己在这个时间内必须完成，稍微放松一下，走出房间，走向自然，用心感受周围的事物，如散散步、稍微做下放松运动，这样会让你的思路更加开阔。在基层工作中，我们常常面临多重任务，可以根据任务的轻重缓急做好时间规划，同时也要学会在做事时把注意力放在这一件事情上，这样效率会更高、更快。注意，不要去想这件事的结果如何，而是专注过程，做好当下的每一件事。

【问答研讨】

1. 工作压力大，总是静不下心来怎么办？

（1）可以尝试呼吸放松、冥想等方式，在放松初期只做到让自己的注意力放在呼吸上、放在周围的事物上即可，每天尝试三分钟，久而久之在任何场合中都能快速进入放松状态。

（2）不要强迫自己，接受当下的自己，接受面对问题焦虑、紧张的自己，告诉自己这也是我内在的一部分，能够接受不够冷静、不够沉着的自己，相信能调整好自己。

（3）做做适当的运动，把专注力集中到当下。

2. 回忆自己遇到压力、困难时，出现在头脑中的第一想法是什么。

3. 如果是负向的心理暗示，如何改成正向心理暗示呢？请拿出一张纸，写出你的想法，并将其改成正向暗示。

第三节
基层工作者自我整合的心理案例

身边榜样：60年坚守共产党人精神家园

"杨善洲，杨善洲，老牛拉车不回头，当官一场手空空，退休又钻山沟沟；二十多年绿荒山，拼了老命建林场，创造资产几个亿，分文不取乐悠悠……"这首流传于滇西保山市施甸县的民谣，不仅唱出了当地群众对云南省原保山地委书记杨善洲的敬重，还生动地向世人诠释了一名共产党人60年如一日对理想信念的坚守。

一、如何整合个体自我、社会自我和心理自我？

"将党的精神时刻铭记于心（个体自我），接受社会角色赋予我们的责任（社会自我），从而实现个人理想和自我价值（心理自我）。"

杨善洲从1953年担任区委副书记起，先后担任过县委副书记、县委书记，1977年担任保山地委书记，直至1988年退休。他很少待在机关，大部分时间都在乡下跑。碰上饭点，老百姓吃什么，他吃什么，吃完就去结账。在当地委书记时，为提高亩产量，解决群众温饱，他亲自试验并示范推广"三岔九垄"插秧法。直到现在，保山当地群众插秧还沿用这个方法。除此之外，杨善洲书记还推动了"坡地改梯田"、改籼稻为粳稻等试验田。1978年至1981年保山的水稻单产在全省排第一，保山获得"滇西粮仓"的美誉，杨善洲被人们称作"粮书记"。

在杨善洲的心中，群众的事就是自己的事。在担任基层干部的三十余年中，他始终以人民的事、国家的事为己任，唯一的理想信念就是为人民服务。杨善洲退休后回到大亮山林场种树，政府一再要求给杨善洲补贴，杨善洲总是用一句话顶回来："我上山是来种树的，要那么多钱干什么？"他把共产党人的精神发挥得淋漓尽致，把党性融入个体自我，把社会角色融入社会自我，把在基层中实现自我价值融入心理自我，实现了自我理想与自我价值，完成了个体自我、社会自我与心理自我的整合。

二、面对自我整合冲突,应该如何做?

"选择当下最重要的社会角色担起重任。"

在父老乡亲的眼中,杨善洲是一位好干部、好领导。但是在家庭中,杨善洲作为父亲、丈夫,拥有其他社会角色赋予的责任。在人民群众的大家和自己的小家面前,杨善洲选择了为大家。杨善洲的女儿回忆:"爸爸那时虽然不常回家,但他对我们的要求却很严格。我们成家时,在别人眼里,爸爸是地委书记,他的女儿结婚一定会非常风光隆重。但是,爸爸却要求我们姐妹三个从简办事,不让请客、不让收礼。"杨善洲常挂在嘴边的一句话就是:"我是共产党员,能光想着自己?"他明白,人民群众选择了自己,上级领导选择了自己,他就应该担起自己的责任,为大家撑起一片天地。所以,在面对角色冲突时、面对自我整合冲突时,杨善洲选择了最重要的社会角色,完成了社会与个体的整合。

(资料来源:根据共产党员网对杨善洲同志事迹的专题报道编写)

三、杨善洲自我整合方法案例解读

1. 正视角色:实现社会自我整合

杨善洲一生淡泊名利,面对角色的冲突,他没有抱怨,而是选择了解自己、审视自己,看到自身的作用与价值。面对不同的社会角色,他整合好自我,在退休后依旧拿起锄头上了山,选择活在当下。正是这样的态度,让他在人生的每个阶段都做出了一番成绩。在群众最需要的时刻,他毅然决然地挺身而出,先解决群众的温饱问题,为整个大家庭殚精竭虑,然后才回到小家中成为一名好丈夫。1996 年,杨善洲的妻子张玉珍因胆结石住院,得知消息的杨善洲在忙完手里林活的第一时间就赶往医院,一直照顾妻子到出院。2005 年,张玉珍再次住院,杨善洲既心疼又无助,在妻子身边坚守了 13 天,每天都陪在妻子的身边照顾她,一直到很晚才回家,任凭儿女们如何劝说也无用。张玉珍很感动,因为那个一向心里装着公家的丈夫在她最需要的时候,一直守在她身边,给她最温柔的照顾。在不同时期,杨善洲担任不同的社会角色,在每个阶段,都能够选择最重要的社会角色,承担起相应的责任,实现了社会自我的整合。

2. 积极暗示:实现个体自我整合

在工作中,杨善洲书记经常给自己积极的心理暗示,相信问题都可以解决:"让老百姓过上好日子,我再吃点苦都无所谓。"这是杨善洲书记常挂在嘴边的一句话。正是带着这种必胜的决心，在杨善洲书记的带领下，保山和施甸县人民的日子蒸蒸日上。

完成自我整合的确不是一件易事，而是我们一生的课题。无论在人生的哪个阶段，我们都要有整合的心理任务。心理问题的根源来自于我们内心深处的各种冲突，最大的冲突当属接受本来的自己还是成为理想中的自己的冲突，以及角色之间冲突时自己的选择，也就是是否完成了自我整合。如果一个人内心深处的冲突依然存在，他通过成功、地位、权利、荣誉、他人的接纳来降低内心中的焦虑与冲突，减轻内心中的自卑与无价值感，其实也仅是一种"脆弱的平衡"。当他不能再维系成功与好人形象的时候，那么其内心被掩盖的冲突就会迸发出来，再次将他撕裂。实现自我的整合可以从生活中的点点滴滴做起。杨善洲的事迹告诉我们，无论在哪个行业、哪个岗位，都可以发光发热。最重要的是在具体的情境下选择最适合自己的角色，做好本职工作。作为基层工作者，我们会有数次身不由己的时刻，若此时能够坚定自我、调整自我，时刻记住自己的初心，认真做好当下的每一件事，不抱怨、善沟通，接受不完美的自己，给自己积极的心理暗示，相信自己的力量，那么就会实现好自我整合。

3. 善于沟通：实现心理自我整合

作为一名书记，杨善洲从不摆架子，经常和下属及时沟通，整改工作内容。时任龙陵县委书记邱厚发曾是杨善洲的下属，他说，杨书记经常到龙陵检查指导工作，很多时候都不提前通知，等他知道的时候，已经看到杨书记坐在食堂吃饭了。有一次汇报工作，杨书记在大会上提出保山的油菜比较多，要少种一些，邱厚发根据当地的情况向其汇报龙陵油菜种植不多，老百姓过年炸酥肉的油都还不够，不能少种，还要多种一些。杨书记听了后表示大力支持，并表示没有了解到每个地区的特点，希望以后和大家多多沟通，及时调整工作思路，多为百姓和人民着想。

除此以外，杨善洲还经常和工人们一起劳动、下乡调研，及时了解大家的想法和当地动态，认真倾听民声民意，实现有效沟通。正是他的知行合一、内外兼修，使他实现了心理自我的整合。

【心理探索】

《人民的名义》是最高人民检察院影视中心组织创作的当代检察题材反腐电视剧，曾风靡一时。剧中的开端，侯勇扮演一名佯装一生为官清廉实则贪污 2.3 亿的官员——国家部委某司项目处长赵德汉。面对最高检的询问和搜查,赵德汉哭着喊:"我是农民的儿子,可是我真的穷怕了啊!可我也不敢花这些钱,我只是每天来这里坐着,望着这些钱发呆。"过去贫苦的生活没有压倒他,成为人民的公仆后,赵德汉面对诱惑无法自拔,在利益面前失去了理智。想起童年时期贫苦的生活,赵德汉害怕了,担心自己以后会过上那样的日子。童年时期尚未完成的心理任务,让成年后的赵德汉想要用另一种方式去弥补,而他选择了贪污。面对过去,赵德汉未完成童年自我与成年自我的整合;面对现在,赵德汉未完成理想自我与现实自我的整合,所以结局让人叹息。

资源链接

1. 纪录片推荐:《我是共产党员》

该系列节目聚焦基层共产党员,讲述他们扎根基层、率先垂范、无私奉献的感人故事。贵州省黔南州罗甸县沫阳镇麻怀村党支部副书记、村委会主任邓迎香,是一个边远山区普普通通的农村妇女,更是一名闪烁着党性光辉的共产党员。为改变家乡贫困落后面貌不等不靠、敢闯敢干、艰苦奋斗,带领村民在悬崖峭壁上硬生生凿出一条"麻怀出路"。在云南独龙江畔像钉子一样牢牢"钉"了数十年、始终不忘初心、不改本色的"钉子官"高德荣,被授予"人民楷模"国家荣誉称号奖章。他是少数民族脱贫攻坚的带头人,30多年来为实现独龙族整族脱贫和当地经济社会跨越式发展作出重大贡献。文艺工作者阎肃,从艺60余年,以一片丹心、一腔热血、一身正气,始终模范践行党的文艺路线,始终坚持以人民为中心的创作导向,始终战斗在讴歌主旋律、汇聚正能量、弘扬民族精神第一线。他始终站立在时代潮头,模范执行党的文艺路线,忠实履行一名文艺战士的神圣职责。在平凡岗位上与群众建立血肉联系的疏捞工金帮红,在污泥浊水中彰显高洁。金帮红从事疏捞工作35年,风里来,雨里去,整天与下水道、管网、化粪池、阴沟打交道,用长满老茧的双手循环疏捞。他的爱人于1995年患病,10多年间,金帮红既要照顾爱人,又要照顾儿子,但他时时刻刻将工作放在第一位,从没迟到早退,从不请假。下井疏捞,看得见的是脏和累。每一次处理险情,金帮红总是把最苦、最累、最脏、最困难和最危险的工作留给自己⋯⋯正是因为这些基层党员们向下深耕、向上突破,知重负重、勇于开拓,我们党才有今天辉煌的历史与成绩。也正是因为他们正视个体自我，完善社会自我，实现了心理自我，基层工作者才能发挥先锋模范作用，向下扎稳根、向上强生长，在基层工作中开出绚烂之花、结出累累硕果。

2. 好书推荐：《可塑的我：自我发展心理学的35堂必修课》

本书的作者陈婕君曾于哈佛附属麻省综合医院精神科工作，受训于波士顿精神分析高等研究院、加州大学伯克利分校心理系、明尼苏达大学心理系。目前已在心理咨询领域执业14年，有多年的临床经验。该书主要从自我整合的重要性、掌握人生的转型期、如何度过泛中年危机等几个方面来讲述人生的每个阶段都是可塑的。当我们面临选择和挑战时，要自我整合、自我发展，才能成为一个更加完整的自己。人的发展本就是一个从平衡到失衡、从失控到重新掌控的过程。我们要做的就是正视自己的可塑性，重新掌控自己的生活，成为一个更好的自己。

3. 好书推荐：《被讨厌的勇气："自我启发之父"阿德勒的哲学课》

本书是日本哲学家岸见一郎、日本作家古贺史健编著的哲学著作，通过希腊哲学的古典手法"对话"，围绕"人是如何能够获得幸福"这一问题展开了简单却深刻的讨论，接着从人际关系的烦恼、与干涉自己的人如何相处入手，针对如何成为你自己、学会活在当下，通过对话体的方式，指出"自我整合后任何人都可以随时获得幸福"，并给出了"自我接纳""他者信赖"和"他者贡献"三大良方。

03

第三章
自立者博：基层工作者的自我独立

　　日常生活和工作中的每一件事，都是社会实践给基层工作者出的考题，也是送上门的老师。当面临工作或者家庭中的重大选择时，我们往往会在同事的意见、大多数人的观点或者情境面前屈服，而未能深入思考决策的真正原因，以致做出违心甚至违法的选择。在本章中，我们将探讨在工作实践中如何保持自我独立，逐步形成独立思考的习惯，不断提高辨别真伪、识破陷阱、洞察复杂情况的能力，胜任本职、担当重任，推动我们的事业不断向前发展。

第一节
基层工作者自我独立的心理知识

一、人贵自立：什么是自我独立

在心理学中，自我独立通常是指人的意志不易受他人的影响，有较强的独立提出目标和实施行为的能力。基层工作者应在行为上展现出有成就动机，不依赖他人就能独立处理事情；具备积极主动地完成各项实际工作的内在动力，有勇敢、自信、认真、专注、责任感和不怕困难的精神。从心理学的角度分析，自我独立涵盖了情感独立、认知独立和行为独立这个维度。

第一，情感独立。情感是人们对客观事物的好恶体验及相应的行为反应。正面评价来自"重要他人"时，会格外鼓舞人心；伤害来自"重要他人"时，会格外伤心。对于基层工作者来说，听取和尊重人民群众的意见是极其重要的。但是，群众的评价有时是客观公正、有建设性的，有时又是有失公允甚至带有偏见的。全盘接受或全盘否定都不是最好的选择。一个有独立"自我观"的人，既不会完全忽视他人对我们的影响，也不会毫无保留地接受他人的评价。

第二，认知独立。认知独立是指在工作生活中，对认识过程与结果进行批判性反思并主动认识事物特点的品性，也就是个体对于所学的知识不是简单地被动接受，而是对其进行积极的思维运作，形成能动的认识。基层工作者要以正确的理论为基础进行独立思考，抓事物本质、抓发展方向、抓根本目的，只要有利于发展，就不拘泥于外在的条条框框，大胆去实践探索。这种实践探索，也就是认知独立。

第三，行为独立。行为独立是指个体根据自己的意愿和喜好，能够独立而不受他人影响做出某种行为。当我们遭遇不公正评价、在社会比较中处于劣势时，应铆足一股气，用行动和绝佳的表现证明：自己被低估了。但如果没有遭遇不公正，自己本来就像别人说的那么差劲，怎么办呢？我们可以通过改变行为，来改变别人眼中的自己和自己眼中的自己。比如，觉得自己的演讲水平没有达到心中的预期效果，就可以通过刻苦的听说读写训练来提高自身的演讲水平。心理学上有个概念叫"自我实现的预言"，是指对自己有积极的预期，并做出与预期一致的行为，我们就会成为我们所期望的样子。有独立"自我观"的人，经常以自己内在的想法、感受和行为来定义自我，而不是用别人内在的想法、感受和行为来定义自我。

二、具体表现：自我独立者的特点

如果你能做到有明确目标的自主选择，具有相对的社会独立性，具有正确导向的自我激励性和具有自我反思、自我教育的律己性，那么你就是一个自我独立的人。

第一，自我独立的人具有明确目标的自主选择性。自主选择是指我们在实践过程中依据实际需求和经历对现有事物进行判断，并做出最适合且最有利于自我或集体发展的选择过程。基层工作者处于身心发展的定型阶段，同时也接受过高等教育的熏陶，具备一定的自控力、意志力和规划能力，其自立意识更具针对性和明确性，能够帮助自己快速精准地定位目标，从而激发其实现既定目标的决心，增强实现目标的信心。同时，新时代基层工作者视野相对开阔，对新鲜事物的探索欲较强，这些都能帮助其进行主动选择。

第二，具有相对的社会独立性。基层工作者自我意识的发展不可能完全脱离社会影响，是个体与外部环境共同作用的结果，具有一定的相对独立性。同时，基层工作者自立意识的发展水平与普通大众有很大区别。在网络信息快速传播的今天，民生诉求不断延伸到基层工作者的私人生活，民众对其监督的"全时性"也愈发凸显。基层工作者要注重心理和行为上的双重独立，如面对网络上的猜测、谣言，我们要保持心理独立，具体表现为自身选择和实践受外部影响较小，始终保持内心坚定。值得关注的是，自立意识具有稳定的自身价值，有利于独立人格的形成，能够帮助基层工作者充分认识自我价值，深入挖掘自身潜力，进而为实现理想目标而不懈奋斗。

第三，具有正确导向的自我激励性。相比其他群体，基层工作者拥有更强的自我感知和发展能力，因此，其自立意识具有更强大的动力，能够精准定位自身的需求和目标，使个体对现有事物做出相对准确的判断和选择，从而形成一套能够促使自身快速高效完成任务的自我激励机制。养成良好的自立意识是基层工作者群体在社会中生存立足的基本条件，能够充分激发基层工作者潜在的竞争意识，鼓励其将立小志与立大志紧密结合，并为达成最终目标制订合理的行动计划，极大地提高学习和办事效率。

第四，具有自我反思、自我教育的律己性。反思是指个体在特定情境下思考过去发生的事情，并从中总结经验教训，去粗取精，不断完善自我，从而为制定和完成下一个目标奠定基石。基层工作者的知识储备和社会成长经历日益丰富，此阶段的自我意识能够促使其理性考虑问题，用批判性的眼光看待问题，正确认识自身的不足，在反思中择优发展。由于社会环境的开放性和复杂性，各类诱惑日益显现。因此，在趋向自我独立的实践过程中，基层工作者趋于成熟的自律性会逐渐转化为约束自我的准则，使其从过去完全依赖的事物中摆脱出来，抵挡住外界的诱惑，滤清自身的不良思想，正确处理自我与社会的关系，在自我反思和自我教育中塑造积极向上的自我独立人格。

三、追根溯源：自我独立的阻碍因素

每个人都可能会失去独立性，这是正常的。比如，当我们陷入压力或焦虑的情绪时，在工作上意见与同事或者上级相左时，往往会感到眼前的事情或整个生活失去了控制。这时候，个体更可能会表现出被动消极的行为。下面通过几个心理学实验，来了解失去自我独立的原因。

1. 习得性无助实验——多次失败

心理学家们发现，如果一个人总是在工作上失败，他就可能在这项工作上放弃努力，甚至还会因此对自身产生怀疑，觉得自己"这也不行，那也不行"。事实上，此时此刻的自己并不是"真的不行"，而是陷入"习得性无助"的心理状态中。这种心理让人们自设藩篱，把失败的原因归结为自身不可改变的因素，失去继续尝试的勇气和信心。

"习得性无助"的概念是由美国心理学家塞利格曼提出的。他用狗做了一项实验：起初把狗关在笼子里，只要铃声一响，就对它进行电击，狗关在笼子里逃避不了电击；多次实验后，铃声一响，还没进行电击，狗就伏倒在地开始呻吟和颤抖；即使把笼门打开，狗也不会逃走了。本来可以主动地逃离，却绝望地等待痛苦的来临——这就是习得性无助。

实验给我们这样的信息：你必须屈服于不可避免的命运安排，你是命运的受害者，任何抵抗都是徒劳，而且常常起反作用。

在面对失败时，感到暂时的无助是很正常的。心理上的冲击可能会让我们暂时感到悲哀、前途无望，甚至提不起劲去做任何事情。然而，这种情绪并不是基层工作者应有的持续心态。值得注意的是，尽管我们都可能经历这样的情绪波动，但有些人能够迅速恢复，而有些人则可能长时间处于垂头丧气的状态。那么，造成这种差异的关键在哪里？

面对失败，不同的人会有不同的解释方式。有人对失败倾向于个人化的解释，比如说："这是我的错！""我是一个很糟糕的人。"有人则理解为永久性的，他们可能会说："事情每次都是这个样子！"还有人会将其普遍化，认为："我很笨，我做什么都不行。"

而自我独立的人则把失败解释成暂时性的："我这次无法解决群众的问题，但并不是每次都会这样。"有人的理解是特定性的："我只是这个难题无法解决，但是我在其他方面不是挺优秀的吗。"还有人是外在化的："这位群众的情绪不好，可能是他遇到了其他坏事。"

如果那些受到电击而感到无助的狗能够对自己说："虽然以前我受到了无数次电击，做了很多努力都没有用，但是并不代表这次努力就没有用。"如果它可以独立思考，不被失败经验左右，切断"打击扩大化"的念头，那它其实是可以尝试跳过那个栅栏获得新生的。所以，拥有自我独立的人应与逆境斗争，相信最终能把握自己的命运。

2．阿希从众实验——盲目从众

阿希以大学生为被试，每组7人，坐成一排，其中6人为事先安排好的实验合作者，只有一人为真被试。实验者每次向大家出示两张卡片，其中一张画有标准线 X，另一张画有三条直线 A、B、C。X 的长度明显与 A、B、C 三条直线中的一条等长。实验者要求被试判断 X 线与 A、B、C 三条线中哪一条线等长。如图 3-1 所示。

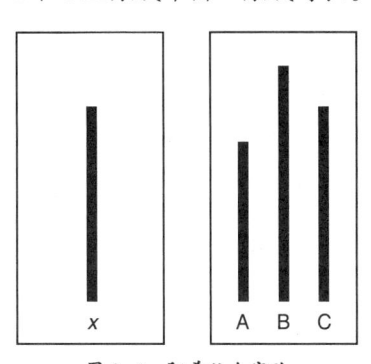

图 3-1 阿希从众实验

实验者指明的顺序总是把真被试安排在最后。第一、二次测试大家没有区别，第三次之后假被试按事先的要求故意说错。这就形成一种与事实不符的群体压力，可借此观察被试的反应是否发生从众行为。从结果看，有 33% 的人判断是从众的，有 76% 的人至少做了一次从众的判断，而在正常的情况下，人们判断错误的可能性还不到 1%。

每个人都有潜在的从众心理：别人做什么我跟着做什么，我的行为就是正确的。在群体中，个体为了避免标新立异、与众不同而感到孤立，往往会选择与他人的行为、态度与意见保持一致，从而获得"没有错"的安全感。不少内心非常自卑的人，他们往往觉得只有自己的观点和所有人一致内心才踏实，只要自己的观点与他人不一致，就会引发惶恐、紧张和焦虑情绪。这样的人，在与众人不一致的情况下，几乎不可能表达自己和坚持自己的观点。

自我独立的人，在面对外部信息时，不应直接采纳，而要进行自己的分析，检查信息是否完整，特别是基础信息是否齐全。基础信息的缺失往往容易使人受大众观点和情绪的影响，导致从众心理。换句话说，从众就意味着没有独立分析能力。

3. 斯坦福监狱实验——被环境影响

斯坦福大学的一项研究考察了人们在权威和力量对比悬殊的情境下（如监狱）的反应。实验者将志愿者随机分成两组，要求他们分别扮演模拟监狱中的看守和囚犯，实验地点就在斯坦福大学的地下室。为了让监狱更加真实，实验者给"看守"配备了木制警棍，让他们穿上制服，戴上太阳镜以尽量减少与"囚犯"的眼神交流。同时，实验者给"囚犯"准备了不合身的囚服，还有拖鞋。此外，实验者用编号来代替"囚犯"的名字。实验者没有下达给"看守"任何正式指令，只是告诉他们，管理监狱是他们的责任。

"囚犯"和"看守"很快适应了自己的角色设定，这种其实并不存在的地位优势居然变成了事实，"看守"认识到自己的地位优势后，很快就超出了实验者的控制。无论是在身体还是情感上，"囚犯"都遭到了"看守"的虐待和羞辱。

通过这个实验，我们可以看到人性的脆弱之处。个体的行为很容易受环境的影响，环境可以将人性的阴暗部分激发出来。这也说明我们很容易被身边环境俘获或者利用，做不到独立思考。

四、从无到有：自我独立的形成和发展

在莫雷·鲍恩（M.Bowen）的跨代家庭治疗理论中，他认为人们的关系是由个性和归属这两种互相平衡的生命力量所驱动的，我们每个人既需要陪伴，也需要独立。而如何协调这两种力量，让我们在独立的同时体会到亲密，并平衡理智与情感，取决于鲍恩理论中的核心概念——自我分化。自我分化是一种区分情绪与理智，并且将自我独立于他人的能力，我们可以从两个层面进行定义：内心层面和人际关系层面。对于前者，个体必须发展让情绪与思想分离的技能。对于后者，他或她必须能够体验到与他人的亲密感，但同时作为独立的个体而不陷入家庭的情绪纠纷之中。就是说，分化良好的个体能够保持思想与情绪之间的平衡（在表达个体的情绪时能保持个体的信念不受情绪影响），同时能够保持客观性和灵活性（因此能独立于他或她的家庭情绪）。

为了说明这个问题，鲍文（M.Bowen，1966）提出了一个评估个体分化水平的理论量表，未分化程度越高（没有自我感，或个体认同较弱或不稳定），与涉及他人的常见自我（未分化的家庭自我组块）的情绪融合就越显著。一个有强烈自我感的人（"这是我的观点""这就是我……""这是我要做的"）能够坚定地表达自己的看法和明确定义的信念。这样的人被称为坚固的自我，他或她不会为了婚姻幸福、取悦父母、获得家庭和睦或者在其胁迫情况下牺牲自我。

依照鲍文的概念，自我分化的理论量表根据人们的情绪和理智功能的融合或分化的程度来区分个体。处在较低水平（0～25）的人与家庭和他人相融合，他们过着思维被埋没而由情绪支配的生活。处在25～50范围的人在生活中，依然被他们的情绪系统和他人的反应所支配；有目标指向的行为出现，但目的只是为了寻求他人的认可。处在50～75范围的人，思维充分发展，即使其在应激出现时也不会被情绪所控制，并且有适度发展的自我感。那些处在75～100的人数极少，通常他们的思维同情感相分离，他们以前者为依据作出决定，但又能沉浸于亲密关系中。

按照自我分化理论，未完成自我独立的人，他们的情绪和理智高度融合，他们的生活被周围人的情绪所支配。结果，他们很容易因应激而焦虑。由于恐惧和情绪的需要，他们牺牲自己的个性以确保为人所接受。他们表现出的是未分化的虚假自我，他们欺骗自己，让自己认为这些是真的。然而，这种自我是由他人的观点和价值观促成的。

所以，自我独立的人能独立思考、感觉和采取行动。在应激时期，他们的思维或理性功能与情绪保持相对的优势，他们对于自己思维及自己的信念更为确定，因而他们能不依赖周围的情绪而比较自由地做出判断。

五、健康之我：自我独立与心理健康的关系

独立可以分为健康独立和过分独立。健康独立是自感可以依赖的独立，不健康的独立就是被迫的独立，是不得不面对的独立。如果没有一人关心自己的情绪和心理需求，只能自己面对，那么这种独立对心理健康会产生负面影响。

在工作、生活中，能够感受到来自父母、爱人或者朋友情感上的支持。遇到困难的时候，能够与他们共同探讨并分析问题，随后独自处理，面对挑战。我们的独立建立在前期依赖的基础上，并且有更多被支持的体验，遇到解决不了的困难时，我们往往也更能主动寻求帮助。

健康独立，存在于过分的独立和过度依赖之间。个体可以平衡亲密和自主，在依靠他人的同时仍能保有强大的自我意识，并且在需要时乐于请求别人的帮助，关键是并不因此觉得自责和自感弱小低劣。他能够充分地信任别人，敞开心扉展示自己脆弱的一面，同时有足够的自信去处理关系中的冲突，这种冲突是每个人都会经历的。

一个健康独立的个体，其友情和爱情也很稳固，也更加懂得如何为人父母。因为善于利用各种资源，职场上的能力也会得到提升，身体会更健康，人也更快乐，也更能享受生活。相对于过分独立者，健康独立者的内心是充实的、温暖的。相对于过分依赖者，健康独立者的内心是有力量的。下面我们来看看一些拥有健康独立的益处。

1. 完成自我与他人分离

完成分离是指我们完成与原生家庭的分离，在我们自己的生活和父母的生活之间建立起清晰的边界。在这个过程中，评判标准主要是我们是否能够很好地与父母划分边界，将自己的生活与父母的生活区分开。在未独立以前，不论是法律上还是生活中，我们的行为都是由父母来负责的。而在独立的过程中，你会逐步成为自己的行为及其后果的负责人。也是在独立的过程中，我们逐渐与父母发展出除了"亲子"关系之外的、新的、属于几个成年人之间的关系，从而对他们投入新的情感。

没有完成与原生家庭分离任务的人，仍然会在很多生活的琐碎细节上和父母纠缠在一起，因而难以彻底脱身并投入新的情感。

2. 获得独立的能力

获得独立的能力，指的是能够很好地处理与外界环境的关系，拥有在环境中独立适应和生存的能力。它的评判标准包括两个部分。

（1）自立水平。衡量自立水平的标准包括是否拥有强大的自信心，以及在没有他人帮助的情况下能否迎接挑战和战胜困难。一个不够自立的人，往往不具备自己应对陌生和困难情境的能力，他们在工作或者生活中遇到困难的时候，无法做出独立的判断，也无法自行解决困难，只能转而寻求家庭的帮助。

（2）决策水平，即在面对重大选择、人生走向时，在多大程度上能根据自己的价值观和喜好，独立地作出决定。在生活中这样的情境很多，想和心仪的男/女朋友结婚，父母却坚决反对；想要出国读研，或者在大城市工作，父母却希望你不要离家太远。一个独立决策能力较弱的人，往往会在自己的判断和家人的观点发生冲突时感到焦虑和羞耻，并最终将决定权交给父母。而独立决策能力强的人，则能够坚持自己的决定。

3. 掌控自己的情绪

情绪独立是指自己的情绪能否由自己主导，能否掌控自己的内心冲突，在建立自我意识和自我认同的同时，处理在这个过程中产生的负面情绪，如内疚、羞耻、依赖、愤怒等。它的评判标准包括两个部分。

一是自我控制能力，即能够独立地控制自己的情绪和行为，而不是受他人（特别是父母）的影响和控制。如果自我控制情绪的能力比较差，应对措施就可能是不去处理，而是被动地防御这些情绪，甚至会被这些负面情绪淹没，从而导致一些不恰当的、敌对的行为产生。要注意，自我控制水平并不是指自己的情绪不会被别人影响，而是指与实现独立前的状态相比，被别人影响的程度会降低，自我调节的能力会增强。

二是自我坚定能力，即能否建立起自我价值的评估标准，并且勇于冒着遭到反对的危险，表达那些和他人（特别是父母）不一样的、冲突的需求和价值观。自我坚定能力较弱的人，因为不敢树立和表达自己的价值观，往往会在成年以后，还时时监测自己的行为，保证自己的行为能满足父母的评判标准，以免会招致父母的反对、愤怒或惩罚。

4. 提高幸福感

达到自我独立的过程，也是一个建立起幸福感和自我价值的过程。针对青春期人群进行的一项心理适应性与独立权的关系研究发现，无论是态度上、情绪上还是行为上的独立，都意味着更高的自尊、更好的社会适应性，和更少的抑郁情绪。

获得独立权能够帮助我们获得幸福感。研究者研究了基本心理健康水平、焦虑程度和压力水平这三个与心理健康相关的指标和独立权之间的关系，发现对自己的人生独立权越高的人，基本心理健康水平越高，焦虑和压力水平越低。而且，通过不同国家的数据对比，研究者也发现，不同社会的个人独立权高低，和幸福感的高低呈正相关；而个人财富多少、社会发达程度与个体幸福感的关系则不大。

5. 提高批判性思维

在锻炼自我独立的过程中，良好的批判性思维技能是必不可少的。批判性思维者会未雨绸缪，他们能够认识到生活中的各种影响因素，会设法利用积极因素克服消极影响，而不是被动地维持生活，在别人做出错误决定时求全责备。

一个独立的人同时具有理性和自我导向，因此他不太可能被错误的推理所蒙骗，也较少会为自己或别人推理中的矛盾所困扰。但是，具有自我导向并不意味着忽视别人的观点。相反，他需要在合理的基础上做决定，而不是陷入群体思维或者盲目地服从权威人士的命令。为了达到这一目的，自我独立者会寻求不同的观点，积极地与别人进行批判性对话，获取新的知识，拓展自己的思维。

【扩展阅读】路径依赖实验——教条主义

茅盾在《谈独立思考》一文中明确指出：教条主义是独立思考的敌人。由于每个人自身的认知都是有局限性的，所以人在面临复杂决策的时候，思维就习惯性选择对已经知道的信息和规则进行稍微加工处理，即人的思维具有教条主义，按照理论或者规则思考，而不是从实际出发。路径依赖的研究便说明了这个道理。

研究者将 5 只猴子放在一只笼子里，并在笼子中间吊上一串香蕉，只要有猴子伸手去拿香蕉，就用高压水教训所有的猴子，直到没有一只猴子再敢动手。然后用一只新猴子替换笼子里的一只猴子，新来的猴子不知这里的"规矩"，竟又伸出手去拿香蕉，结果触怒了原来笼子里的 4 只猴子，于是它们代替人执行惩罚任务，把新来的猴子暴打一顿，直到它服从这里的"规矩"为止。试验人员如此不断地将最初经历过高压水惩戒的猴子换出来,最后笼子里的猴子全是新的,但没有一只猴子再敢去碰香蕉。起初,猴子怕受到"株连",不允许其他猴子去碰香蕉,这是合理的。但后来人和高压水都不再介入,而新来的猴子却固守着"不许拿香蕉"的制度不变,这就是路径依赖的自我强化效应。

表现在工作层面,就是正向的行为会让自己在实践中"持续深耕,越钻越深",最终你可能成为一个专家或者领袖;相反,会让自己的思维故步自封,错了也没办法及时跳出。基层工作者的自我独立,在某种意义上就是指不局限于条条框框、"本本"、传统、习惯势力的束缚,不照搬别人、别国现成的模式,一切从变化着的实际出发去思考问题,找出解决问题的办法,本质上就是解放思想、实事求是,"不唯上、不唯书、只唯实"。

第二节
基层工作者自我独立完善的心理策略

日常生活工作中的每一件事,都是社会实践给我们出的考题,也都是送上门的老师。只有运用所学知识深入思考,逐步养成独立思考的习惯,妥善解决好各类问题,组织才会放手让你独当一面。如果事情办砸了,做出错误的选择,就要分析原因:一是支撑我们做出判断的知识不够,无法判断是否正确;二是虽然具备相应的知识,但不会运用,只会照搬硬套,方法不对;三是虽然具备知识、知道方法,但实践历练不够,一些表面问题看不透,功力达不到。所以,我们在工作中要多刷"实践考题",多学习马克思主义哲学原理和基本方法,持之以恒边学习、边思考、边实践,日积月累,从解决好一个个问题、办好一件件事情、干好一项项工作做起,逐步养成自我独立的习惯,并不断提高辨别真伪、识破陷阱、看穿迷雾的本领,胜任本职、担当重任,把我们的事业不断推向成功。具体来说,可以从以下四个方面加强自身能力。

一、行为层面:不断学习

要做到自我独立,须具备分析能力,并且能为自己的观点提供逻辑支持,而不只是单纯相信自己的观点,这就要求我们不断从新的渠道学习。而想保持对于工作、学习的激情,需要保持富有激情的良好学习状态,我们可以通过以下行为做到。

(一)生活习惯

第一,走路比平时快30%。快速走路是一件非常简单、可操作性强的事情,可以将你的神经迅速拉回到紧张的状态。激发身体的活力,可以瞬间带动源自内心的热情。每个人每天都在走路,而每一次迈步,都可能是点燃学习激情的新契机。

第二，学习、工作前把杂事做完，避免良好的状态被打断。状态被打断后，需要重新花很长的时间恢复到全神贯注的高效状态，激情也会有所减退。

第三，制订学习计划和时间表。一日之计在于晨。早晨起来，制订好一天的工作计划，所有的工作都按计划进行。

（二）头脑风暴

头脑风暴的基本准则是：

（1）不允许有任何批评意见。

（2）欢迎异想天开（想法越离奇越好）。

（3）我们所要求的是数量而不是质量。

（4）我们寻求各种想法的组合和改进。

有了这些基本概念后，将全体人员分成若干小组，每组4~6人。他们的任务是在60秒内尽可能多地想出回形针的用途（也可以采用其他任何物品或题目）。

每组指定一人负责记录想法的数量，而不是想法本身。在一分钟之后，请各组汇报他们所想到的主意的数量，然后举出其中"疯狂的"或"激进的"主意。有时，一些"傻"念头往往会被证实是很有意义的。

有关讨论：

（1）你在进行头脑风暴时还存在一些什么样的顾虑？

（2）你认为头脑风暴最适合于解决哪些问题？

（3）在工作中还有哪些可以利用头脑风暴的地方？

基层工作者在岗位上自然会遇到许多以前从未遇见过、也不曾思索过的具体而复杂的问题，这就要求基层工作者必须学会思考并善于思考，重视并加强自身创新能力的培养，在更深远的空间和层次上思考问题。从尽可能多的角度观察问题，分析问题产生的原因，研究制订解决问题的对策和方案；运用逻辑思维方法，去粗取精，对前面的想法、对策和方案进行论证，最后创造性地找到解决问题的办法。

二、意志层面：面对挑战

要主动面对挑战，积极建言献策。对于上级的决策，不应该机械地执行，而应该积极建言献策，当好决策参谋，一定要有敢想、敢为、敢言的胆识，必须善于想办法、出点子，提出可行性意见。

一是用战略的眼光关注大局。基层工作者要树立"议大事，想全局，管本行"的思想，面对各种强有力的竞争对手，没有一个高瞻远瞩、审时度势、统观全局的头脑是不行的。

二是善于换位思考。基层工作者要在工作中善于思考，准确把握热点、难点和焦点，找准工作的结合点、兴奋点和着力点，提高工作的积极性、主动性和创造性。要学会用全面的观点、发展的观点、矛盾的观点，尝试站在领导的立场审视问题。

三是注意建言献策的方式和场合。要学会积极改变自我，主动适应上级的风格。在方式上，要注意提出问题的可接受性，在场合上要注意上级的感受，切忌固执己见和随意。

三、认知层面：自我反省

自我反省、见贤思齐是加强自身道德修养的方法。经常反省自己，可以理性地看待自己；见贤思齐，可以谦虚地学习他人。这些做法有助于我们迅速识别并改正个人的缺点，同时汲取他人之长，持续提升自我，塑造完美自我。《论语·为政》中提到的"吾日三省吾身"，《论语·里仁》中提到的"见贤思齐焉，见不贤而内自省也"，都说明一个人在完善自己的人格和学问、提高自我道德修养的过程中，自我反省和见贤思齐是非常重要的。可以通过三个步骤来提高自我反思能力：

（1）描述经过——以便日后回顾时能想起当时的场景。

（2）分析原因——多问几个为什么，直到有深度的启发。

（3）改进措施——尽可能提炼出一个认知点或行动点。

并且要注意以下要点：

（1）每次反思复盘的时候，想不清问题的原因是什么？——应本着极度坦诚的态度，先假设一个自己认为最可能的原因。

（2）进行每日规划的时候，总有不确定的干扰因素怎么办？——以最大可能为标准，先假设一个具体的计划。

（3）寻找人生目标的时候，怎么都找不到方向怎么办？——将所有的选项列出来，并将那个目前认为最可能实现的选项假设为目标。

自我独立者能够掌控自己的生活和选择，而不是为了安全一味地迎合大众的要求。他们不仅是理性的思考者，而且能够触及自己的情绪和情感。一些心理学家和精神病学家认为，不理性的信念和糟糕的批判性思维能力会导致许多"生活困扰"，如抑郁症、愤怒和低自尊。

四、情感层面：情绪管理

情绪管理的要点，就是要察觉和识别情绪的存在。

在工作实践中陷入情绪漩涡的时候，很多人都意识不到自己的情绪。在情绪出现的初期，它的强度通常非常低，很不容易被人察觉到。这个时候，我们的大脑可能还在反复回想事情的始末，关注力完全被导致情绪发生的事件本身——而不是情绪——所占据。

那么，我们该如何识别相同情绪在不同强度时发出的信号呢？我们一起来进行下面这个练习。这个练习需要记录一些内容，所以在阅读以下内容之前，请准备好纸和笔。

首先，请写下"焦虑"这个词，以及这个词的同义词，也就是所有你能想到的表达焦虑类情绪的词语。写完之后，答案可能会包括（但不局限于）以下这些词语：焦虑、焦躁、烦躁、焦急、烦心、担忧、慌张、担心、紧张、着急、恐慌等。然后，花一些时间认真审视每个词语，并在内心依次对它们进行感受，揣摩它们之间的细微差别。在这个过程中，尝试问自己以下问题：

（1）这种情绪在个人体验方面到底是一种怎样的感觉？

（2）它跟其他词的细微差别在哪里？

（3）体会这种情绪时，我的内心独白通常是什么？

（4）体会这种情绪时，我的身体一般会有怎样的感受或反应？

（5）如果我可以对这种情绪的强度在从 0 到 10 的范围内打分（0 代表完全平静，零焦虑；10 代表最强烈的焦虑），我会给这种情绪的强度值打几分？把这个分值写在对应的词语下面。

给每种情绪的强度值打完分后，按照强度值把它们从弱到强（即数字从小到大）重新进行排列。也就是说，将这一系列词语被重新排列后，我们需要看到的是情绪逐渐递进的感觉，即类似"超级微弱的小焦虑、小焦虑、焦虑、很焦虑、非常焦虑、超级焦虑、令人崩溃般的大焦虑"。比如，我们按照情绪强度值对以上词语重新进行排序，这个序列有可能是"烦心、着急、担心、担忧、紧张、烦躁、焦虑、焦急、焦躁、慌张、恐慌"。

最后，通过填写以下这个表格，进一步识别你在体验其中每种情绪的时候，所呈现的内心想法、身体反应和行为习惯。

情绪名称	情绪强度值	个人体验	内心想法	身体反应	行为习惯
着急	3	按捺不住的感觉	"怎么还不……"（心理预期）	胳膊和大腿肌肉微微紧绷	来回踱步
焦虑	6	脑子停不下来的感觉	"万一……怎么办"（灾难性思维、情绪推理、非黑即白思维）	头部感到有压力、呼吸急促、胸闷	咬指甲、注意力涣散、不停地刷手机

完成这个练习后，我们一直所说的"焦虑"，就不单单只是焦虑了，因为我们进一步了解了它在不同情况下呈现出的不同样子。比如，当我们一想到需要与群众打交道的时候，情绪可能是着急。当我们一想到下周上级要进行检查时，情绪可能是担忧。当我们一想到自己未来可能会丢工作的时候，情绪可能是恐慌。我们能更为准确地识别情绪，就能更好地察觉它的产生和演变。当自己体验到着急、担心等强度值较低的情绪时，我们要允许自己觉察到它，并意识到这是一个情感信号。这样我们才能暂时停下自己的脚步，去关注自己内心的情绪状态。

【问题研讨】

1. 回想你因为别人嘲笑或者压力而放弃追逐目标的经历,用具体的例子进行解释。讨论你将会采取哪些措施,使自己不向错误推理妥协,或者不放弃自己的人生计划。

2. 想想发生在社区、社会或世界上与你利益攸关的不公正事件。想一个你有可能采取的创造性方法,让更多的人认识到这一不公正事件。

3. 如果你有一个没有任何证据支持却仍要坚持的观点,有人质疑时,你会做出怎样的反应?

第三节
基层工作者自我独立的心理案例

一、身边榜样："时代楷模"李夏

李夏同志生前是安徽省宣城市绩溪县荆州乡党委委员、纪委书记，县监委派出荆州乡监察专员。他坚定理想信念、坚守初心使命，主动到皖南山区偏远乡镇工作，十余年来，始终奋战在脱贫攻坚、乡村振兴、正风肃纪第一线，用脚步丈量民情，用实干赢得民心，"有事情，找李夏"成为当地群众的口头禅。

"极耐得苦，故能艰难驰驱"。李夏生前日记本的记录，何尝不是"把百姓装在心底，把责任举过头顶"的最真表达？救火扫雪，无论情况多紧急、任务多繁重，李夏总是第一个冲出去的人；家长里短，无论事情多琐碎、纠纷多费神，李夏总会想方设法，解开群众心底的疙瘩。

初入农村时，李夏为了尽快融入工作，从最难啃的"语言关"啃起。找窍门、勤练习4个多月就听懂了绩溪话并能与村民顺畅沟通；临字帖、正笔画，硬是改掉原来习惯的连笔字，成为群众心中认可的自己人；提申请、忙策划，高杨村顺利铺设机耕路，农产品的销售渠道逐步打开。

2017年，因为表现突出，县应急办等多个县直部门想选调李夏。摆在他面前的是一个充满诱惑的选择——是回到交通便利、生活舒适的县城，还是继续留在条件艰苦的基层？"我喜欢跟老百姓打交道，能为老百姓做点实实在在的事，看着他们日子一天天好过起来，内心充满成就感。"经过一番思想斗争，李夏选择了留下。

扎在长安镇，李夏一干就是7年多。2018年年底，选择再一次摆在李夏面前——组织准备调他去最偏远的荆州乡任纪委书记。他二话没说，第一时间交接好手头的工作，就出发了。

在担任荆州乡任纪委书记期间，他收到长安镇镇头村党总支书记陈承兵在2014

年村"两委"换届中存在问题的反映,这个年长李夏十几岁的书记是老熟人了。"低头不见抬头见的,真查?""拉票多大点事儿,还较真个啥?"私下里有人劝李夏。面对事发时间较长、知情人心存顾虑等情况,李夏迎难而上,多方取证,终于查清事实,依规依纪给予陈承兵党纪处分并免除职务。恰逢新一轮村"两委"换届前夕,这一案例在全县通报,产生了有力震慑。

2019年8月10日,"利奇马"登陆,给荆州乡带来百年一遇的强降雨,3小时内降雨量达96.5毫米,全乡多处山体塌方、道路中断。李夏一直坚守在抗台救灾的第一线。在救灾过程中突发泥石流,李夏躲避不及被卷走,用自己年仅33岁的生命,书写了短暂但绚烂的无悔青春。

(资料来源:选自中央纪委国家监委网文章《风采 | 生如夏花 映照初心》)

二、案例解读

我们从上文中可以看到,李夏能够做到自我独立,尽管面临恶劣的环境和艰苦的条件,他依然坚持在乡镇基层的工作岗位上,凭借敏锐的洞察力找到最能发挥其影响力的方向,并选择留在长安镇,以此为舞台实现他的价值。在成为纪委书记之后,在权、钱、色方面不伸手,出淤泥而不染,不纵欲、不侥幸,时时把自己置身于监督之中。自觉充实自己,有正确的追求、健康的心态。善于学习,不让头脑空虚,一切以自己的本职工作为出发点,严格按照规范要求做好本职工作。

同时,他多想、多学、多看、多听,并不是一意孤行地自我封闭,而是虚心听取领导和同事们的意见,接受大家的监督。面对违法乱纪的"老熟人",他经受住物质、金钱和交情等种种强烈考验,一心为公、洁身自好、谨言慎行、不沾不染,工作上不断锐意进取,成为真真正正、实实在在的人,一个有益于人民的人。

领取任务单:自我独立练习

首先,我们要找到一个生活中已经习惯了的假设,并对它质疑。比如,为什么早上就一定要吃早餐,即便自己根本不饿?为什么还没开始尝试就假定自己会失败?我们对于所有事情都会有自己的想法和假设,这是我们大脑对于信息的处理方式。可以说,这样的模式构成了我们认知的基础。但是,万一这些假设是错的,或者至少不是完全正确呢？因此，我们不得不彻彻底底重建自己的认知基础。那应该如何对假设质疑呢？比如，爱因斯坦就曾对牛顿运动定律能够准确描述世界的假设质疑过。

其次，对于任何"权威"信息，除非经过自己调查和确认，否则不要轻易接受。和假设一样，直接从"权威"途径获取信息可能很简单方便，但应该保持一定的警惕性，对信息进行独立思考和判断。如果遇到重要或敏感的信息，最好能够通过多种渠道进行交叉验证，以确保信息的准确性和完整性。培养自己根据直觉质疑信息并展开调查的习惯。如果你认为某种解释无法说服自己，那就让对方进一步详细说明。面对任何既定事实，无论是否立即提出疑问，都应养成查阅权威资料或亲自验证的习惯。同时，培养对信息的敏感度，学会区分哪些信息值得深入探究，哪些已经足够可靠，并以此作为决策的依据。

最后，学会发问。发问是自我独立的精髓所在。如果不知道该提什么问题，或者在一开始没有提出疑问，可能就无法接近真正的答案。找到答案，并且以优雅的方式找到答案，这就是自我独立的表现之一。

资源链接

1. 图书《批判性思维》

本书是美国大学关于批判性思维的经典教材。本书内容翔实，涵盖批判性思维的所有基础概念。四位作者用通俗的语言和经过实践证明的循序渐进的方法，帮助人们弥合日常文化和批判性思维之间的鸿沟。既适合用作学生选修教材，也可作为大众逻辑学（从入门到提高）读物。

2. 图书《自立：爱默生励志精品》

《自立：爱默生励志精品》汇集爱默生思想之精髓，其中名言警句迭出，处处发人深省、震撼人心，是不可多得的经典之作。它倡导人们追求自我，鼓吹个性自由，自己主宰自己。通过此书，我们可以知道林肯、奥巴马为什么对这本书和爱默生推崇备至。

3. 图书《我会独立思考》（[美]安德里亚·戴宾克）

这本书一步一步引导你如何更深入地思考自己的生活，培养独立思考的能力，帮助你学会如何精准提问、分析证据真伪、运用思维逻辑得出合理结论，从而做出明智的判断。丰富的事例展示了在不同领域具有卓越影响力和非凡成就的批判性思维者，他们年轻有为、鼓舞人心的真实思考经历具有借鉴意义。这本书通俗易懂，四色印刷精美，画风有趣的插图以及进阶性的思维训练、梳理清单、自我检测和互动实践，是一本很不错的思维训练工具书。

04

第四章
自悦者乐：基层工作者的自我悦纳

人类是在不断发现自己的弱点、缺点，不断地理解自我、悦纳自我、战胜自我、超越自我的过程中进步的。我们看到基层工作者在每天烦琐的工作中身心疲倦，但是面对群众的微笑，收获肯定与鼓励，又能笑对自己的人生。他们悦纳自我，持之以恒地在苦中修身养性、提质强能，使人生由苦至甜，走向光辉的彼岸。本章将从原理、方法以及具体的案例中，探析自我悦纳的概念、表现及功能，提供获得自我悦纳的有效途径。

第一节
基层工作者自我悦纳的心理原理

一、什么是自我悦纳

自我悦纳是指我们在面对、接受自我缺陷的基础上能够正确面对自己，简单来说就是喜欢自己。自我悦纳不仅指接纳自己人格中的优点、长处，还要接受自己的缺点与不足。在接受不足这个基础上，努力改进自己、完善自己，而不是妄自菲薄，失去信心。

亚里士多德的沟通能力有障碍，但他是一位内省力很强的哲学家。梵高受情绪困扰，但他在视觉上的成就却是超凡的。孙膑腿上有残疾，但他是中国古代杰出的军事家。罗斯福的下肢残疾，但他带领美国人在第二次世界大战中赢得了胜利。爱因斯坦曾有学习障碍，但他在科学上的成就有目共睹。贝多芬失聪，但他是乐坛的巨人。他们都是能够自我悦纳的人，在正视并接纳自己不足的基础上，不断提升和完善自己，朝着更好的自己努力，并取得了优异的成绩。可见，自我悦纳的力量是多么强大。

一般而言，自我悦纳包括三个方面：第一，接受自己的全部，无论是优点还是缺点，无论是成功还是失败。这就需要感知现状，客观地进行自我评价，深刻认识自己的优、缺点。虽然我们常接受的教育观念是，缺点是不好的，缺点应该要被纠正。例如，你应该有一份好工作，婚姻应该美满，事业应该成功。凡事都要应该，你应该怎么样才是好的、对的，"应该"这两字潜在的含义是"你是不好的"。当我们有这么多的"应该"的时候，其实表示你没有真的接纳当下的自己。接受自己的全部也包含你的缺点，那就把所有的"应该"放下，接受现在的你。每个人都会有优点，也会有缺点。但是在现实中，有的人只能片面地看待自己，要么只能看见自己的缺点，这样的人活得自卑痛苦；要么觉得自己全是优点，问题和缺点都是别人的，这样的人充满优越感而自负满满。不管是自卑还是自负，都会成为人们成长路程上的阻碍。夕阳之所以无限好，是因为它已经接近了黄昏；流星之所以美丽，是因为它的瞬间能打破夜的寂静；水珠之所以晶莹，是因为它能折射阳光。残缺是生命的本质，也是世间百态的一种象征。悦纳自己，放宽心态，包容残缺，欣赏残缺，或许发现残缺也是一种美。

第二，无条件地接受自己，接受自己的程度不以自己是否做错事而有所改变，应做到当时不杂，既过不恋。接受自己，也就更容易接受外部环境中的人物和事物。现实中很多人都是有条件地接受自我，他们会在某些条件下才会接受自己。比如，你在某项重要任务中获得成功时，赢得别人的赞许和认可时，或有了一定的社会地位及赚到许多钱时，才接受自己。否则，就觉得自己不够好，觉得自己没有价值。为了得到被赞美、被鼓励的快乐，逃避被批评、被惩罚，我们渐渐地背离了自己的内心，做出许多违背真正需求的行为。同时，我们也养成了依附外界标准的性格。我们开始向外部世界寻求认同，通过外部世界的成就和别人的眼光来证明自己的价值。许许多多的男人将自己存在的价值依附于车子、房子、金钱之上，很多女人将自己存在的价值依附于拥有幸福的家庭、一个爱他且事业成功的老公、一个出息的孩子之上。这些外部世界所拥有的东西一旦失去，就会造成许多悲剧。所有这些都是因为人们无法无条件地接纳自己，我们将自己存在的价值依附于外界，依附于自己做什么和拥有什么。

第三，喜欢自己，肯定自己的价值，就会产生愉快感和满足感。只有真正做到如此，拥有高水平的满意度和满足感，就能够有效缓解心理冲突，真正悦纳自我。你可能会说"我就是觉得自己很失败啊！"如果有这样的想法你就从来没有真正接纳自己，从来没有真的自我肯定。只有自我肯定，才能改变自己；只有自我接纳，才能自我修正。

亚里士多德说，生活的本质在于追求快乐。使生命快乐的途径有两条：第一，发现使你快乐的时光，增加它。第二，发现使你不快乐的时光，减少它。很显然，自我悦纳的人不是没有黑暗和悲伤的时候，而是他们追寻阳光的心灵不会被黑暗和悲伤遮盖而已。

二、自我不悦者的典型

1. 完美主义者

完美主义是一种人格特质，心理学家巴斯克认为具有完美主义性格的人通常有下列特性：注意细节，要求规矩；缺乏弹性，标准很高；注重外在美的呈现；不允许犯错，自信心低落；追求秩序与整洁；自我怀疑，无法信任他人。哥伦比亚大学的心理学家赫维特曾经把完美主义性格分为三种类型：要求自我型的完美主义者，给自己设下高标准，而且追求完美的动力完全是出于自己内心；要求他人型的完美主义者，为他人设下高标准，不允许他人犯错误；被人要求型的完美主义者，追求完美的动力是为了满足其他人的期望，总是感觉自己被期待着，时刻都要保持完美。①

在现实生活中，完美主义者往往以完美作为为人处世的衡量标准和唯一关注点，总是给自己和他人设定过高的标准，当人、事、物令他不满意时，他就会产生不良情绪，甚至厌恶和斥责。过分追求完美的人，内心深处往往还有一种不安全感和自卑感，害怕被他人拒绝或否定。为了避免不完美，他不惜多花时间、气力去做事情，结果降低了自己的生活效能。很显然，背负如此沉重的精神包袱，不用说在事业上谋求成功，而且在自尊心、家庭问题、人际关系等方面，也不可能取得满意的效果。他们抱着一种不正确和不合逻辑的态度对待生活和工作，永远无法让自己感到满足，每天都在焦灼不安中度过。

在基层工作者中，也有一些完美主义者，事事追求完美，但常常陷入失望、自责、怨天尤人、止步不前的境地。不少基层工作者尽管很敬业、很努力，干得已经很不错了，但还是对自己不满意，成天都想做得更好些。其实，世上每一个人，不管你的智商多高、能力多强、本事多大，都不是神或者超人，都会有人性的局限、能力的极限，也有人生的无奈和脆弱的时候。当期待中的自己与现实存在巨大的反差时，当追求一个永不能及的目标时，当发现自己原来也不过是芸芸众生中很平常的一个人时，自己就会屈服在"完美"欲望的魔掌下，成为一个疲惫的、不愉快的甚至十分痛苦的人。它不仅使完美主义者本人觉得痛苦，更糟糕的是这种个性还会影响周围的人。一位具有完美主义性格的领导，可能会对下属也有同样的高标准与期待，往往搞得下属非常紧张。事实说明，事事追求完美是一桩痛苦而不切实际的事情，它就像毒害你心灵的药饵，

---

① 晓山：《善于从追求完美的诱惑中摆脱出来》，《党政干部论坛》，2008（3）：1。

只会给你带来挫折、失败和痛苦。因为这个世界本来就不是完美的，过去不是，现在不是，将来也不是，它总是以"缺陷"的样式呈现在世人面前。宋代大文豪苏轼曾写下了这样的诗句："人有悲欢离合，月有阴晴圆缺，此事古难全。"而"此事古难全"中就蕴含着这样一种"缺憾性"的哲学思想，这同样可以启发我们正确认识和对待工作、生活中的不完美。

2．抱怨的人

总有些人习惯时时、事事埋怨他人和环境，似乎他自己没有任何责任，一切不如意是他人造成的，当然也要由他人来改变。抱怨心理是一种存留在心底的不满意，既表现出对他人和周围环境的不满，又表现出自己的无能为力和无可奈何，这是缺乏自信心的反映，也说明抱怨是一种缺乏责任感和义务感的表现。

基层工作者抱怨心理在某种程度上是很普遍的，可归纳为以下方面：① 抱怨自己生不逢时，社会竞争太激烈，心理压力太大，没有宽松温暖的工作环境。② 抱怨上级和同事对自己不理解，期望值过高，而又不能给自己什么具体的指导和帮助。③ 抱怨上级和民众对自己太苛求，工作负担过重，枯燥单调，所在的部门保守刻板。④ 抱怨同事或上级素质太低，不能以身作则，自己找不到知心朋友。⑤ 抱怨部门和家庭缺乏温暖，工作和生活都不够满意，自己感到压抑。⑥ 抱怨工资不高、收入太少，与自己的期望值相差较大，与社会上的高消费有较大反差。⑦ 抱怨社会上假冒伪劣商品太多，违法犯罪的太多，社会环境太复杂，工作难做，自己缺乏安全感，精神紧张、焦虑、烦躁等。

总之，可抱怨的事物太多了。当然，抱怨的这些现象可能的确存在。但是我们应该考虑的是抱怨心理能起什么作用。应该让自己静下来，给大脑以自由，提高思维活动的"有用成分"才是上策。

三、自我悦纳与心理健康的关系

"悦纳"这个词看起来就充满正能量，比"接纳"更正向、更积极。自我悦纳不仅要接纳自己的优点长处，还要接纳自己的缺点不足，努力改进完善自己，而不是妄自菲薄，这才是心理健康的表现。心理健康的人需要有自知之明，能对自己做出恰当评价，既能了解自我，又能接受自我，体验自我存在的价值。而一个悦纳自己的人，并不代表他的一切都是完美的，但他在接受自己优点的同时，也了解自己的缺点，很坦然地承认自己的不足之处，然后不断克服缺点，塑造自我形象，把握自己的做人准则，不断完善自己，更加自信地面对生活，走向成功。

当人们快乐地接受自己时，他的整个心胸便会舒展开阔，同时会发现自己更加容易接受他人，这有利于建立良好的人际关系。研究表明，良好的自我悦纳者能有效缓解发展中的矛盾冲突，使个体得到健康的发展。相反，一个不会悦纳自己的人往往对自己有不恰当的评价，不仅包括自身的特点，还包括与他人的关系等。这对个人的健康成长是非常不利的，容易使人产生自卑心理，也很难使人建立和谐的人际关系。

同时，自我悦纳能产生高自尊，这是心理健康的核心，也是心理幸福的根源。马斯洛的需求理论认为，人有自尊的需要，这是仅次于自我实现需要的第二高层次的需要，而自我悦纳可以提升这种自尊的高度。高自尊者有良好的自我认同，有充分的安全感，能够确认自己的长处，对自己的弱点也能适当接纳，但又不作为逃避的借口。他们有很好的自主性，适应能力强，能够为自己做的事情负责任；他们不怕犯错误，反而总能从错误中获得经验教训；他们在遇到困难的时候，会试图寻找各种解决办法，但也会坦然寻求别人的帮助。自我悦纳者接纳自己、喜欢自己、肯定自己都与高自尊的特征一致，所以个体在自我悦纳时，就是在提高自己的自尊水平，这是心理健康的表现。

【扩展阅读】乐商

古有"塞翁失马，焉知非福"的典故，能从"失马"这样的祸事看出"福"的人，显然对未来抱有美好的信念，并能迅速摆脱"失马"的影响。这种乐观的态度比情商、智商更能决定一个人未来的命运，心理学称之为"乐商"。

乐商包括三个层面的内容。第一是人的乐观程度，即对未来是否抱有"美好的信念"。一个人善于发现生活中的美好，必定比其他人更容易获得积极的情绪体验，也就更容易感受到快乐。第二是人摆脱消极事件或消极影响，并从中获取积极成分的能力。情绪具有弥漫的作用，在消极情绪的影响下，会认为身边发生的所有事情都是消极的，而自己是个"倒霉透顶"的人。而乐商高的人能迅速调整心态，如上文中提及的"失马"的人。有的人在消极事件中只看到其中的损失，有的人却能看到这件事带来的益处。第三是影响别人的能力，类似于快乐情绪的感染。消极的人喜欢给别人泼冷水，让人放弃行动，因为他们认为失败必然降临，努力是徒劳的；而乐观的人却让人始终抱有希望，并有勇气不断争取。①

大量研究表明，乐商对一个人未来的命运具有决定性的作用，高乐商会带来积极的人际关系，还有利于促进个体婚姻和事业双丰收，并有效提升个体的健康水平。真诚微笑，以积极的方式表达自己、多做善事、学会宽恕和感恩、品味积极的情绪等，都能够提升个体的乐商水平。

---

① 任俊：《乐商：比智商和情商更重要》，《现代妇女》，2015（5）：68。

第二节
基层工作者自我悦纳的心理方法

一、转换思维：重新认识世界与自我

（一）合理解释生活

1. 换一个角度看问题

生活本来就是多面的，要从上下左右不同的侧面看问题，改变从一个角度看问题的习惯，这样能更好地把握问题的实质。学过机械制图的人都知道，为了真实表达一个零件的结构，有正视图、左视图、右视图、俯视图，有时还需要剖面图。所以，要学会用多个角度去看待生活中的种种问题。

2. 调整预期值

人们相信，调整先前的预期以面对压力要比事情发生以后换一种态度容易一些。很多时候，我们都是带着预想去做事情，一旦这些预想未被满足，消极的想法就产生了。调整预期并不意味着降低自尊，而意味着通过现实的检验调整你的知觉，质问其有效性，从而使它们与实际的情况相匹配。

3. 正视生活中的美好与苦难

人们的生活多姿多彩，就像一首美妙的歌曲，有兴奋喜悦的高音，也有低落伤感的低音。高低相配，才能和谐。美国心理学家马斯洛对健康的快乐人是这样定义的："他们较少焦虑与仇视。较少需要别人的赞美与感情，他们具有真正的心理自由。他们超然于物外，泰然自若地保持平衡，他们对待个人不幸也不像一般人那样反应强烈，他们具有集中注意的能力和不在乎外在环境的能力，表现出熟睡的本能和不受干扰的食欲，面对难题而谈笑风生。"简单地说就是：不以物喜，不以己悲，不怨天尤人，从容、坦然地面对一切。生活中没有一路顺风，也不全是坎坎坷坷，需要从容面对丰富的生活，获得更多的健康与快乐。

（二）打破完全主义的束缚，接纳自己的不完美

人对自己的认识并不是抽象的，而是带有情感和态度，伴有自我评价的感情。尽管每个人都知道"自我"是最重要的，可总有些人不能真正尊重自己、爱惜自己。他们可以喜欢朋友、喜欢知识、喜欢自然，却不愿意喜欢自己，结果他们不快乐。其实，每个人都有优点，也都有弱点。但有的基层工作者在发现自己的弱点和缺陷后，就当作包袱背起来，老是挂在心上，连自己的优点和长处也看不到了，于是自己的精神优势就被缺点、弱点所压垮，自己的聪明才智、潜在能力就无从发挥。

在完美主义的视角下，人们总是这样认知的：

大前提：我必须完美，否则就会遭到拒绝；

小前提：我不是完美的人；

结论：我应该遭到拒绝；

结果：我沮丧。

大前提：如果别人不赞同我，那就说明我不行；

小前提：有人不赞同我；

结论：我不行；

结果：我郁闷。

大前提：把事情做得十全十美是可能的；

小前提：我没有把事情做得十全十美；

结论：我不行；

结果：我郁闷。

错误的认知起点正在约束自己。而你需要做的是从正确的认知起点解放自己，尝试告诉自己："我也有不完美的地方。"生活多元庞杂，人亦是多维整体。很多人往往因为某一方面的事情产生了大量负面自我认知，这些认知偏差催生了不合理的信念，导致心理异常并在行为上泛化。事实上，缺点永远是与优点同时存在的，它们之间有天然的联系。缺陷的存在也有其意义，也许那些缺陷正是我们完成自我超越的重要契机。

同时，我们还需正视自己的缺点与不足。很多人都不会正视自身的缺陷，总是以居高临下的状态掩盖内心的自卑和脆弱。人有悲欢离合，月有阴晴圆缺。世间没有十全十美的事物，人也如此。我们应该明白，没有"瑕疵"的事物是不存在的，盲目地追求一个虚幻的境界只能劳而无功，要学会接纳自己的不完美，能认识到自己有种种不足并能宽容待之。而能自我悦纳的人，能够承认自己的不完美，乐于接受和珍惜一切让自己强大的机会与挑战。

（三）养成乐观的风格

"人生不是梦，俯仰勿悲悸。"乐观是以一种积极的态度去接受每一项新任务或新观念，使人平和，使人奋发，使人热爱生活，使美德更加彰显。尽管生活和工作中的诸多烦恼、挫折会不断出现，但是乐观会把这些都消融，让你充分感受生活处处有美好，人生处处有风景。

1. 培养自己的习得性乐观

眼高手低是自我挫败的锐器，而长期的失败又无法改变现状，容易产生放弃努力的认知和行为，陷入无望、无助状态，这便是"习得性无助"。[①] 习得性乐观首先要避免眼高手低，避免陷入人为挫败困境。其次是对当前的失败选择乐观的归因，即把失败看成是暂时的、具体的、由外部的情景引起的，这种积极乐观归因风格可以通过训练慢慢习得。

2. 善用心理控制训练，养成快乐的习惯

通常，你在穿鞋时会习惯性地先穿一只脚，然后再穿另一只脚。在系鞋带时，你会习惯性地将右边鞋带拉到左边，与左边的鞋带系成一个扣，或者与此相反。现在，你要有意识决定：在今后30天里，我要养成一种新习惯，先穿以前后穿的那只鞋，并以一种不同的方式系鞋带。当每天早晨决定遵循某种方式去穿鞋时，你就让这种简单的行为成为一个信号、一种暗示，提醒你在这一天去改变其他思维习惯、行为习惯和感受习惯。穿鞋时对自己说："我要以一种新的更好的方式开始这一天。"之后，有意识地决定在这一整天里你要做以下事：

① 我要尽可能愉快些。

② 我要与其他人打交道时更友好一些。

[①] 姜松梅：《延迟满足：理想实现过程中的自我调控》，《东华理工大学学报（社会科学版）》，2020，39（4）：365-369。

③ 我要对别人的缺点、过失和错误少一点批评、多一些忍让。对于他们的行为举止，我要尽可能往好的方面想。

④ 在可能的范围内，我要表现得好像成功是一种必然，好像我已经成为想成为的那种人。我要在行动和感受中表现得就像我真是那种人。

⑤ 我不会听凭自己的主观看法以一种悲观或消极的方式去影响事实。

⑥ 我要练习每天至少笑三次。

⑦ 无论发生什么事，我都会尽可能平静而明智地作出反应。

⑧ 对于所有那些根本无法改变的悲观而消极的"事实"，我会完全对其视而不见，不让它们进入大脑。

二、转换心情：增进积极的生活体验

（一）知足者常乐

知足者常乐，不是说人一定安于现状，没有追求、没有目标，而是说既懂得取舍，也懂得放弃，还懂得适可而止。懂得享受工作与享受人生的人最快乐，这种快乐来自于自知与对自我价值的认同。

我们可以通过更加具体的方式，来获得知足常乐的心态：

① 与他人分享：可以找他人分享你的体验。如果实现不了，你就告诉他们你有多么珍视这一时刻。

② 构建记忆：为某一事情留下相片或纪念品，用来在以后的日子里与他人一起回忆。

③ 自我祝贺：不要害怕骄傲。告诉自己你给别人留下了深刻的印象，并且你为这一刻的到来已等待了许久。

④ 使感觉敏锐：把注意力放在体验的某一特定的人、事、物上，暂时摒弃对其他人、事、物的关注。

⑤ 全神贯注：让自己完全沉浸于快乐中，试着不要去想其他事情。

这些具体的策略就是让我们在忙碌的生活与工作中，暂时停下来，注意下次出现的美好事情——令人愉悦的事情。它可能是一封信，或者对自己工作的赞赏，也可能是得到了一个好的评价、吃了一顿大餐、有一段谈话或一段冒险的经历。

不管怎么样，我们在生活中品味这些事情，确实能够获得更多的快乐，对生活更满意、更乐观，抑郁也就更少。

（二）感恩者舒心

有位哲学家说过，世界上最大的悲剧或不幸，就是一个人大言不惭地说，没有人给我任何东西。感恩是一种美好的感情，是一种健康的心态，是一种良知，是一种动力，是一种对自然、社会、他人的尊重，是对自然规律、社会规律和生命价值的敬畏与崇拜。学会感恩，为自己已拥有的而感恩，感谢生活给你的馈赠。

"赠人玫瑰，手留余香。"我们要学会感恩国家和社会、父母、单位、领导甚至对手和敌人。人生在世，要学会分享给予，养成互爱互助行为。感恩应成为我们一种幸福的生活方式，一种利人利己的责任，一种不求回报的自觉和奉献，一堂人生的必修课。

（三）自爱者友善

自爱是指个人悦纳自己，爱惜自己，对自己所具有的特征持积极的态度，包括对自己的身体、品德、能力、信誉、地位和前途的爱护，欣然接受自己现实的样子；不因自己的优点而自命不凡，不因自己的缺点而自卑自弃，努力发展真实的自我。自爱的人会自觉自控，珍惜自己的品德和名誉，不陷自己于不仁不义之中，也不会无端地把自己暴露于危险之中；自爱的人会"洁身自好"，喜欢学习、乐于工作，积极上进，以取得别人的尊敬和喜悦；自爱的人会自勉自强，设法适应他所处的环境，并尽力谋求自身的充分发展。不自爱的人往往相反，由于自惭形秽而不觉得自己有什么可贵可爱之处，不时表现出自暴自弃的行为：毫不自觉自控，不珍惜自己的身体、信誉、地位、前途，也不肯在修身、养性、求知、服务等方面作任何努力，以求发展自己的潜能；不求别人的敬重，也不注意别人的批评和帮助，甚至会自己陷入不利的境地，或表现出危害自己的行为。

自爱的方式有很多，我们可以通过以下方式悦纳自己：

一早起来，对着镜子照一下，然后同自己讲点鼓励性的话。比如："我一定能行！"

回忆过去7天，寻找自己欣赏自己的哪些优点，然后给自己一点小的奖励（如一个糖、买一件新衣、吃大餐……）

每日创作一个笑话与别人分享。

与那个让你不愉快的人讲清楚你的感受。

找一个适合的对象（比如朋友、亲人、社工、上级领导……），把苦水倾诉出来。

每日做半小时有氧运动。

给自己的心灵找一个适合的休整方式。每隔一段时间让自己静下来，回忆一下自己的过去，想想生活的真正意义和工作的真实目的，写写自己的真实感受，释放压力，放松心灵。

正确地认识和评价自己，并在此基础上形成积极正确的自我观念，扬长避短，不要给自己提出不现实的目标。

三、转换方式：丰富充实人生

（一）提升自我修养

"格式塔疗法"是由美国精神病学专家弗雷德里克·珀尔斯博士创立的，关注对自己的所作所为的觉察、体会和醒悟，是一种自我修养的治疗方法。格式塔疗法有"九项原则"，其内容对基层工作者进行自我修养有一定益处。

（1）生活在当下。不要老是惦念明天的事，也不要总是懊悔昨天发生的事，而应把精力集中在今天要干什么上。总是遗憾、悔恨、内疚和难过并不能改变过去，只会使目前的工作难以进行下去，忧虑未来是一种没有用的情绪。

（2）生活在这里。想着现在就是生活在这里，不要想着远方发生的事，想也没有用，因为无法改变，对解决问题毫无帮助。

（3）停止猜想，面向实际。人都碰到过这样的情况：在工作单位，碰到领导或同事的时候，你向他们打招呼，可他们没反应，连笑一笑都没有。如果你因此而联想下去，心里嘀咕，他们为什么要这样对待我？这个人是不是对自己有什么意见？还是有戒心、敌视？其实，你打招呼的这个人，可能心事重重，情绪不好，正在想着什么不愉快的事，没有注意你向他打招呼罢了。因此，不必因为他对你打招呼没作出反应，就想入非非。

（4）暂停思考，多去感受。现代社会要求人们多去思考、少去感受。人们整天为怎样做好工作、怎样搞好领导与同事的关系而绞尽脑汁，没有心思去观赏美景，聆听悦耳的音乐。而格式塔疗法就是强调减少不必要的思考，去多多感受自然和艺术。因为没有感受，就无从思考，感受可以调整你的思考。

（5）不要输入不愉快的情感。人们通常都希望有愉快的情感，而不愿意接受那些忧郁、悲哀的不愉快的情感。因为愉快和不愉快，是相对而言的，同时也是相互转化的。正确的态度是：应该认识到既有愉快的，也有不愉快的情绪；既要接受愉快情绪，也要有接受不愉快情绪的思想准备。

（6）不要先判断，要先发表意见。人们往往容易在他人稍有差错或者失败的时候，就立刻下结论，讥讽他人能力差等。很多时候，实际情况并非如此，因为人们的判断经常是错误的。格式塔疗法认为，对他人的态度和处理人际关系的正确做法应该是：先不要判断，先要谈出你是怎样认为的。这样就可以防止和避免与他人不必要的摩擦、矛盾和冲突，而你自己也可以避免产生无效的烦恼与苦闷。

（7）不要盲目地崇拜权威。在现代社会，有很多变相的权威和偶像，它们会禁锢你的头脑，束缚你的手脚，如学历、资格等。格式塔疗法认为，不要盲目地附和众议，丧失自己独立思考的习性，也不要无原则地屈从他人。

（8）做好自己。做人应该从自己做起，努力地发挥自己的潜能。既不必怨天尤人，也不必想入非非，要脚踏实地，从我做起、从现在做起，竭尽全力地发挥自己的潜能，做好我能够做的事情。

（9）要对自己负责。人们有时候逃避责任。比如，工作不好，会推诿说领导不力、条件太差等，把自己的过错、失败都推到客观原因上。格式塔疗法的一项重要原则，就是要求自己做事自己承担后果，自己对自己负责任。

在日常生活、工作当中，基层工作者必须按照不同的、特定的"角色"去履行自己的"职责"，否则就会产生种种冲突或挫折。比如，在工作单位可能是领导，回到家里，既是子女的父母，又是丈夫或妻子，就不要耍单位里的威风。因此，基层工作者应注意：第一，每个人由于时间、地点、情境等条件不同，会承担许多不同的角色。既然角色变了，就得"扮演"好不同的角色，这样做就可以消除种种矛盾和冲突，心理才会健康。第二，如果你在认识、情感和意志行动上转不过弯来，始终坚持某一种角色，而不是按照你不同的地位去做出人们期望你应表现的行为，轻则可能导致心理不健康，重则会患上心理疾病。

（二）培养幸福感

可以通过"快乐生活"练习培养幸福感。"快乐生活"是指过去、现在和将来的积极正面的情感。

关于过去积极情绪的练习，可以使用"感恩拜访"，即给应该感谢但从未正式感谢过的人打电话或当面表示感谢。

关于现在积极情绪的练习，可以使用"享受"。每天有意地慢慢去享受和回味一下平时没时间享受的事情或过程，如吃饭或洗澡。事情做完后回忆一下与急急忙忙做完这些事情时的感受有何不同。这个练习可以使人感受到暂时欢欣带来的满足。

关于将来积极情感的练习包括乐观与希望的干预练习，目的是抵消悲观的态度和情感。练习包括"三个好事""讣告或自传"和"积极并有建设性的反应"。

（1）"三个好事"要求每晚写下当天发生的三件好事，并写下它们发生的缘由。

（2）"讣告或自传"要求假设我们已经死去但有过充实、满意和有成就的一生，写一篇一两页的小作文，描述自己希望后人如何怀念自己。

（3）"积极并有建设性的反应"要求参与者们需要每天至少运用一次积极并且有建设性的反应，也就是说，要在与他人的交往中对对方做出积极而热情的反应。

（三）培养社会兴趣

个体心理学家阿德勒提出了社会兴趣理论，认为一个人的兴趣只关注自身的利益是丝毫没有意义的，意义只存在于和他人的交往中。在带有积极性的组织机构中充分发挥特长可以使人们得到肯定，并且感受到生活的意义。个体囿于个人方寸利益之中，必然会放大个人的得失与悲苦，会变得自私狭隘、急功近利。个体把自己融入社会当中，心系国家安危、社会发展、他人利益，有强烈的社会责任感和使命感，即使在困境中也不会迷茫、消沉，反而会实现精神的升华。习近平总书记在梁家河历练7年，帮村民解决了许多生活难题，赢得村民的敬佩和喜爱，自己的青春也在历练中熠熠生辉。①

利用"休闲疗法"培养情操。"休闲"或者说"闲暇"，意思是指从职务的工作中解放出来，自己可以自由支配时间。其实，休闲的内容有很多。比如，听音乐、摄影、钓鱼、养花、养鱼、绘画、集邮、练习书法、做木工活等，都可列入休闲疗法。对于基层工作者来说，每天除了工作以外，可以利用业余时间，开展排除烦闷、抒发感情、增添生活乐趣等有益活动，修身养性、陶冶情操。在一些现代化的疗养院里，都要开展这样一些活动，这对于减轻抑郁症状和心理紊乱，克服焦虑、焦躁情绪、培养情操等，会起到相当大的作用。

---

① 姜松梅：《延迟满足：理想实现过程中的自我调控》，《东华理工大学学报（社会科学版）》，2020，39（4）：365-369。

曾经有一位基层工作者，患有轻微的神经衰弱症，后来他成了一个业余木工爱好者。每个星期天，他总是要抽出几小时，自己动手做些小家具之类的木工活，钻研样式和漆色。他亲手制作的精美小家具，得到了他人的赞赏，这使他感受到了个人的价值，在心理上获得了很大的满足。从此，不仅神经衰弱毛病根除了，而且人也变得更加精神焕发、朝气蓬勃。可见，休闲疗法可以加强人们的精神修养，是一门学问，也是一种艺术享受。每个人都不能干巴巴地活着，因为大千世界原本是五颜六色、丰富多彩的，我们的精神世界也得相应地表现出"赤橙黄绿青蓝紫"。休闲疗法可以使人的精神保持轻松状态，排除不利因素的刺激，使人心情豁达开朗、身体气血调和。

【问题研讨】

1. 你如何处理生活中的不顺？请把好的经验分享给你的伙伴。
2. 悦纳自我的方式有很多，你平日是怎样关爱自己、悦纳自我的？
3. 工作之余你有什么兴趣爱好？它们是否让你更加欣赏自己，让你的生活更有意义？

第三节
基层工作者自我悦纳的心理案例

身边的榜样：辽宁省丹东市振兴区离休干部申传兴

87岁老党员申传兴是辽宁省丹东市振兴区离休干部、标牌小区党支部书记兼管委会主任。老人狭窄的两居室家里，堆满了书籍、报纸和各种学习资料。如果不是亲眼所见，很多人不会相信，一位87岁的老人讲党课一讲就是两个小时。从76岁起，这位老人已经在社区、部队、学校、机关等义务宣讲理论480多场，编写讲义120余万字，制作3000余张学习宣传卡片。

这位耄耋老人的传奇之处还在于，担任所在小区管委会主任15年的时间里，他用"啃硬骨头"的精神，为这个老旧小区解决了"房屋漏雨、暖气不热、环境脏乱差"等15个难题，将"问题小区"改造成了当地"文明样板小区"。在小区，他说的道理居民喜欢听。在他的周围，百姓也像他一样义务为小区服务，乐于帮助他人。私营企业主、保安、下岗工人开始向他递交入党申请书，希望做像他一样的共产党员。

1987年从丹东市煤炭运输公司经理岗位离休后，申传兴婉拒了老朋友"矿厂高薪顾问"的邀请，回到自己居住的小区管起"闲事"。1993年，申传兴搬到了现在居住的标牌小区，从此开启了自己忙碌的晚年。"申老'认死理'，为了给群众解决困难，宁可把自己鞋底磨漏、嘴皮子磨薄。"头道桥街道党委书记范文涛还记得，为了给居民解决房子漏雨问题，申传兴一周跑四五次物业、房产部门。有一次去物业的路上，天突然下起大雨，看到浑身湿透的老人，物业负责人感动地说："您别再来了，我们一定把事情办好。"

申传兴为居民跑腿办事，有自己的"法宝"："一本册子两本账"。"一本册子"是"书记五百行"的民情纪实册。作为小区支部书记，申传兴要求自己"进百家门、熟百家人、知百家情、解百家难、暖百家心"，册子上密密麻麻地记着社区每家的情况。"两本账"：一本是小区"孤、残、病"困难账，另一本是"急、难、愁"问题账。

"感动丹东十大人物""丹东市十大文明市民标兵""辽宁省关工委五好标兵""辽宁好人·最美人物"……申传兴获得了一系列荣誉，厚厚的一叠证书和一排奖杯，却被放在家里不起眼的地方。荣誉的背后，是一个老共产党员无私奉献、倾心为民的感人情怀。

2005年冬天，申传兴担任小区党员学习中心户户长，把自己家当作学习活动室。没有学习资料，就自己编写。需要印发，就自掏腰包打印复印。每逢党的重大活动、重要会议，他都第一时间把精神要点梳理出来，用通俗易懂的语言编成小活页，在党员和群众中传播。在小区党员活动室，《党员天地》《社区新风》等五种小报、《创先争优》等100期学习专页、《社会主义核心价值观》《党的十八届四中全会精神学习卡》等3000余张学习宣传资料整齐有序地摆放着。"有了这些，党员群众学习方便多了。"申传兴指着一堆堆学习资料说。

为了做好自身学习和理论宣讲工作，申传兴自掏腰包订阅10多种报刊，每天凌晨3点起床看书看报、写材料；晚间从6点开始，看中央、辽宁、丹东的电视新闻。为了使理论宣讲有方向性和针对性，突出前瞻性和时效性，申传兴结合多年经验独创"五步宣讲法"。

2012年1月4日，申传兴因小肠疝气手术住院，他坚持让家人把学习材料送到病床前。2月2日出院后，他直接来到衡道办事处。汇报这段时间的学习心得体会和将要宣讲的内容。在术后康复阶段，申传兴几乎每个小时都需要去一次厕所。为了不断讲课节奏和效果，申传兴让儿子帮忙买了一大包尿不湿，每次上课前上一片。就这样，他硬是穿了半个月的尿不湿。

2002年起的每年"七一"，申传兴都会组织小区党员重温入党誓词，听一堂他讲的誓词讲解课，提醒大家不忘党员标准。在申传兴的带动下，小区还组建了党员志愿者队伍，与困难家庭结成"连心户"，帮助解决生活、就业困难；彩砖维修站、路灯维修岗、下水道维修岗、花园侍养岗等十个奉献岗位都有党员在值守；环境巡视队、文明劝导队、治安巡逻队等岗位更有党员群众各司其职，各尽其责。在申传兴的影响下，振兴区涌现出一批优秀党员：二街社区电子玩具小区党支部书记于家信，自费订阅党报，天天更换阅报栏内容；三街社区大院小区党支部书记王树仁，在自己家中组织党员开展学习，提高党员素养；沿江社区党员卢铜善，与小区党员一起创办了楼道文化。

"离休不离党，学习不断档。为民再上岗，奉献写人生"这四句话，申传兴一直写在自己的笔记本上。翻开这本厚厚笔记，从密密麻麻的蝇头小字中，可以看到他的内心独白：人活着的意义是什么？就是爱党忠诚一辈子，为民服务一辈子，勤学补钙一辈子，奉献淡泊名利一辈子。

（资料来源：选自新华网文章《我不是传奇，我只是个共产党员》）

【案例解析】

离休干部申传兴并没有让自己的离休生活闲下来，而是通过不断学习，不断为群众解决困难，充实自己的生活，丰富自己的人生。面对各种困难，他并不否定自己，而是通过学习完善自己，吸取经验教训，坚持把问题解决，给自己满意的答卷，获得群众真诚的笑脸。在党员光荣的身份中，他提升自我、肯定自我，发挥自己的优势与长处，也积极面对自己的不足与劣势。

我们可以看到，离休干部申传兴的离休生活丰富而充实。不断地学习让自己的理论宣讲能紧跟国家政策，因为结合群众的生活实际，他的理论宣传又能够更好地深入群众心中。在解决群众生活困难方面，他用自己乐观、感恩的心态，坚持不懈地寻找解决办法，并没有因为自己年纪大，离开工作岗位而退缩逃避，而是用平常心态正视生活中的困难，将其各个击破。申传兴笔记本上的"离休不离党，学习不断档。为民再上岗，奉献写人生"这四句话，正是他对离休后的自己的新认识。耄耋之年的申传兴并不是传奇，而是一名能够肯定自己、接受自己、提升自我的共产党员。

【心理探索】

通过下面这个活动加强自我接纳，学会欣赏自己。

首先，找一下自己的瑕疵，并把自己的态度填入下列表格。

序号	我的瑕疵	积极赋义
1		
2		
3		
4		
5		

其次，阅读这个故事。古时有一位国王，梦见山倒了，水枯了，花也谢了，便叫王后给他解梦。王后说："大势不好。山倒了指江山要倒；水枯了指民众离心，君是舟，民是水，水枯了，舟也不能行了；花谢了指好景不长了。"国王惊出一身冷汗，从此患病，且愈来愈重。一位大臣要参见国王，国王在病榻上说出他的心事，哪知大臣一听，大笑说："太好了，山倒了指从此天下太平；水枯指真龙现身，国王你是真龙天子；花谢了，花谢见果子呀！"国王全身轻松，很快痊愈。看来，事物都有其两面性，问题就在于当事者怎样去看待它们。

请你尝试对自己的瑕疵赋予积极意义，并填入上表中。

【任务单】自我悦纳练习

站在一面落地镜子前，端详自己的面部和身体。在看的时候，注意体会自己的情感。也许你会发现长时间地端详某些部位会很难，因为它们让你不安。也许有些东西你不愿看到，也许你长得太胖或太瘦了，也许你非常讨厌自己的某些部位，再看下去你会受不了。这时产生的冲动是逸脱，去拒绝、否认你的某些方面。但想一想，如果我们自己排斥自己的身体，那么自尊感怎么会不受伤害？一方面说爱自己，另一方面又厌恶镜中自己的影像，这种想法对吗？

练习中，你试着对自己说："不论我有多少缺陷、不足，我也要毫无保留地、完全地接受自己。"精力集中，深吸一口气，反复说这句话至少两分钟，其间保持原有的速度，同时仔细品味自己的话。逐渐地，你会发现自己已部分地得到了放松，自我感觉好多了，也更加真实了。即使你做不到喜欢自己的一切，你还是可以说："现在镜中的影像就是我，我不否认这个事实，我接受它。"

你坚持两个星期,每天早晚各做两分钟此项练习,你就能感受到自我接受和自尊感之间的关系:接受自己,才能重视自己。

资源链接

1. 图书《内心的重建》

作者是维尼,由天地出版社于2020年8月出版。本书通过大量案例阐释:每个人都需要内心重建。大多数人的情绪、行为问题背后存在相似的习惯性思维,人们大多依靠这种惯性生活着。通过深入改变认知,可以解决情绪、行为背后的隐含诉求,从而进行内心重建,把自我升级到更高维度。只有正确认知,看见世界的美,接纳不完美的自己,树立乐观的人生态度,才能建立良好的人际关系,积极解决心理问题。

2. 图书《抱住棒棒的自己》

作者是徐慢慢,由浙江文艺出版社于2021年11月出版。《抱住棒棒的自己》包含"徐慢慢心理话"22篇心理咨询案例漫画,从情绪管理、个人成长、亲密关系、亲子关系四大热门话题出发,以漫画形式重现真实生活困境,用心理学的科学眼光剖析行为背后的心理动机。用漫画来讲心理学,用图画来呈现真实的心理咨询案例,比用文字更真实、更直达人心。议题有人类永恒关注的"爱"和"恐惧",也有新时代的竞争焦虑,如"优秀"和"躺平"。当然,也有我们这个社会一直面临着的议题——活出自己,成为自己。

05

第五章
自信者进：基层工作者的自我评价

我们要对自己有正确的认识和评价，不能让周遭的环境影响自我认识。基层工作者要时刻记住自己的身份和使命，时刻为共产主义奋斗。同时，我们也需要对自己的行为进行评价和反省。只有对自我有正确的认识，才能积极地参与工作，全身心地投入社会主义建设。本章将从心理原理、心理策略以及具体的案例等入手，解析自我评价的概念、策略，提供自我评价的心理方法，使基层工作者能更加准确地评价自己的性格、人格、行为特点。

第一节
基层工作者自我评价的心理知识

一、以评促健：什么是自我评价

自我评价是我们对自己思想、愿望、行为和个性特点的判断和评价。在心理学研究领域，贾奇（Judge）等人（2005）提出了核心自我评价理论，认为核心自我评价是个体对自我能力、价值所持有的最基本的评价，是一种总体的自我评价[①]，包括自尊、心理控制源、一般效能感和神经质四个特质。其中，自尊是核心自我评价最根本的表现，反映了一个人的整体价值，可以在工作中找到自我的价值，在生活中发展出完整的自我。一般自我效能感是一个人对环境的应对行为表现、获得成功等能力的估计，是积极核心评价的表现，也是面对复杂的工作时能够合理评估并完成的一种能力。心理控制源被认为是核心评价的表现形式，内控性高的人相信他们能控制生活中的一系列因素。稳定的人格特质能够帮助我们更好地工作，而神经质反映的正是个体自信、安全、稳定的倾向。我们将那些能够持续给予自己积极正面评价的人称为自信者。为什么说自信者进？自我评价对于我们基层工作者而言又有哪些影响呢？

积极的自我评价可以让我们持续高效地参与工作，而消极的自我评价会让我们对工作产生逃避的想法。国内学者聂顺婷和梁振东的研究发现，当工作者具有较高的核心自我评价时，他们会更加地有信心去完成工作，并且拥有稳定的情绪和更强的耐受能力，相对于那些自我评价较低的工作者来说，会更愿意提出意见来改进所在集体的

[①] Judge, T. A., Bono, J. E., Erez, A., & Locke, E. A.（2005）. Core self-evaluations and job and life satisfaction: the role of self-concordance and goal attainment. J Appl Psychol, 90（2）, 257-268.

现状。[1]作为基层工作者，无论是在乡镇机关还是在城市街道，我们的工作宗旨都是全心全意为人民服务，在工作中都应怀抱"天下兴亡，匹夫有责"的担当精神，秉承"士不可以不弘毅"的昂扬斗志。唯有这样积极地看待自己在工作中的价值和作用，我们才能在各种工作条件下发挥自身的能力，为老百姓实实在在地做实事、办好事。

基层工作者是服务群众、联系群众的纽带和桥梁，应承担起为民服务、为民办事、为民谋利的责任。在完成这三项责任的过程中，基层工作者与群众的交流和沟通是必不可少的。由于对掌握信息的情况不同，我们难免会与群众产生或多或少的摩擦，继而可能收到一些负面的评价。如果我们将这些摩擦与负面的评价称为负性事件，那么高自我评价的人相较于低自我评价的人更认为自己是有能力掌控生活的，在面对生活中负性事件的时候更少地体验到挫折感，也更少地出现工作退缩行为。

二、实事求是：自我评价的心理学理论

威廉·詹姆斯（W. James）是现代科学心理学的奠基人之一，也是最早研究自我评价的人之一。自尊是自我评价的重要维度，可以是积极的，也可以是消极的，并且具有跨时间和情境的一致性。他总结出自我满足和自我不满不仅取决于我们的成功与否，而且取决于我们评判这些成功的标准。他把这些归结为科学的方程式：自我评价 = 成功 \ 抱负。换句话说，我们越获得成功，自我评价越高，不过这是在我们的要求不是太高的条件下。基层工作者能够为人民服务、得到人民的肯定，就会获得较高的自我评价。

许多缺乏自信的人对于社交能力有一种尽善尽美的想法（如我应该让所有的人喜欢，不要使任何人生气，要永远应付自如等），这使他们的自我评价经常处在压力之下。相反，有时在旁人觉得很不利的条件下，某些人的心态却很好，这也许是因为他们知足常乐。幸福往往是个人看法，而它总是和自我评价有关：自我评价越好，对自己的生活就越满意。

心理学上有一个很有名的归因模型，将事物发生的原因从内外在因素以及稳定与否两个维度来分析。当我们对失败的归因是内在、稳定的，即认为是自己能力不足才会得到令人失望的结果，长此以往则会产生习得性无助现象——通过学习形成的一种

---

[1] 聂顺婷、梁振东：《对剥夺感如何影响员工建言行为——核心自我评价与心理契约违背的作用》，《西华大学学报（哲学社会科学版）》，2022，41（2）：77-89。

对现实的无望和无可奈何的行为、心理状态。我们每个人都会在现实中遭遇或多或少的失败、错误和一些负面的评价，有的人的潜意识里会惯性把所有失败归因于自己，甚至过度自省和反思自己，于是产生了"夸大幻想"和"自省性损伤"。

与此同时，还有人认为自己已经拼尽全力，结果仍是失败，于是得出结论：认为努力和不努力结果相近，于是就"躺平"，形成习得性无助，即使外界机会来了，也不愿意努力去争取。

在习得性无助的状态下，自己明明可以做到的事情，却认为自己是无用的、是做不到的，从而产生逃避行为。我们产生不正确归因的行为主要包括基本归因错误、行为者—观察者的归因偏差、自我防卫性归因、忽视一致性信息偏差和性别偏差等类型。基本归因错误是指人们在对他人的行为进行归因的时候倾向于高估人在其中的作用。例如，当在单位工作失败时，我们会更多地把失败原因归于某一个人的责任，而忽略环境不利因素的影响。又如，面对困难或挑战时，女性会更害怕成功，所以她们将成功归功于运气，而将失败归结于自身能力，这就是比较典型的归因性别偏差。对于基层工作者而言，我们面对失败的时候应更加谨慎地归因，综合考虑内部因素和外部影响，不要一味地进行自我否定或他人否定。

面对困难的时候，客观合理的自我评价能让基层工作者迎难而上、合理决策，不盲目行事。在遇到复杂工作的时候，也能做到冷静面对、有序推进，不随意推诿。在收获事业成功时，能心态平和、认真总结，不居功自傲。基层工作者应积极客观地进行自我评价，既不妄自菲薄，也不胡乱攀比，真心做到不忘初心、砥砺前行，自信者进、自强者刚。

三、积极理性：自我评价与心理健康的关系

关于健康心理学的研究，多是探讨自我评价和心理健康之间的关系以及影响因素。有研究者发现，拥有积极自我评价的人会比较少地体验到生活和工作中的压力，也较少地出现无端的紧张感和压迫感。同时，在处理工作的时候较少使用回避的方式，更多的是直面问题根源，积极找出解决问题的方法。由此可见，自我评价和心理健康有较为密切的关系。[①]

[①] Kammeyer-Mueller, J. D., Judge, T. A., & Scott, B. A. (2009). The role of core self-evaluations in the coping process. Journal of Applied Psychology, 94, 177–195.

自我评价不仅在工作中会对我们产生较大的影响，也会影响我们对生活的满意程度。消极自我评价的人总会觉得生活过得索然无味，对生活的诸多事情都感到不满意。而积极自我评价的人时常充满激情地面对各种困难和问题。对生活的不满意还不仅体现在心理层面。研究发现，若持续在心理上产生不满，久而久之对生理的健康也会产生较大的影响。[1] 所以，积极自我评价能够帮助我们有效地面对工作、生活中的各类问题。

我们不是一个人，不是孤立的个体，我们周围有许多朋友、家人、同事。研究者发现，能够给予我们行为或者言语帮助的人越多，也就拥有更多社会支持的人，他们自我评价的积极程度将更高，在今后处理工作和生活各种困难问题时就能游刃有余。相比那些支持的人较少的个体，他们的自我评价相对较为负面，因此会产生诸多压力和焦虑感。[2] 拥有积极自我评价的人能够促进积极情绪的产生，能够更加开心地面对生活，减少工作带来的焦虑和抑郁情绪。[3]

【拓展阅读】苏格拉底的"优秀"继承人

古希腊哲学苏格拉底曾言：许多时候，认识自己，或者认识真理，都是从认识自己的无知开始的。苏格拉底在风烛残年之际，知道自己时日不多了，就想考验和点化一下他那位平时看来很不错的助手。

他把助手叫到床前，说："我的蜡所剩不多了，得找另一根蜡接着点下去，你明白我的意思吗？"

那位助手赶忙说："明白，您的思想光辉得很好地传承下去。"

苏格拉底慢悠悠地说："我需要一位最优秀的传承者，他不但要有相当的智慧，还必须有充分的信心和非凡的勇气，你帮我寻找一位好吗？"

助手回答道："我一定竭尽全力。"苏格拉底笑了笑。那位忠诚而勤奋的助手，

---

[1] Tsaousis, I., Nikolaou, I., Serdaris, N., & Judge, T. A.（2007）. Do the core self-evaluations moderate the relations between subject well-being and physical and psychological health? Personality and Individual Differences, 42, 1441–1452.

[2] 李积念、柳建兴：《高校学生压力和社会支持：核心自我评价的中介作用》，《社会心理科学》，2013（1）：6。

[3] 黎建斌、聂衍刚：《核心自我评价研究的反思与展望》，心理科学进展，2010，18（12）：1848-1857。

不辞辛劳地通过各种渠道开始四处寻找了。可他领来一位又一位，都被苏格拉底一一婉言谢绝。一次，当那位助手再次无功而返时，病入膏肓的苏格拉底硬撑着坐起来："真是辛苦你了，不过，你找来的那些人，其实都不行。"

助手恳切地说："我一定加倍努力，找遍五湖四海，也要把最优秀的人选挖掘出来。"苏格拉底笑笑，不再说话。半年之后，苏格拉底眼看就要告别人世，最优秀的人选还是没有眉目。助手非常惭愧地说："我真对不起您，令您失望了！"

"失望的是我，对不起的却是你自己。"苏格拉底很失意地闭上眼睛，停顿了许久，才又不无哀怨地说："本来，最优秀的就是你自己，只是你不敢相信自己，才把自己给忽略了。"其实，每个人都是最优秀的，差别就在于如何认识自己、如何发掘和重用自己的长处。一代哲人就这样永远地离开了他曾经深切关注着的世界。那位助手非常后悔，甚至自责了整个后半生。

为了不重蹈那位助手的覆辙，每个向往成功、不甘沉沦者，都应该牢记先哲的这句至理名言："最优秀的就是你自己！"

第二节
基层工作者自我评价的心理方法

一、以评促改：改变对自己的认识

（一）努力尝试：获得成功的体验

心理学家班杜拉（Bandura）认为，想要获得成功的体验就需要开展能够产生积极反馈的工作。换言之，我们可以通过自身的努力取得实际成功的经验。对于基层工作者而言，可以在服务群众之后进行回访，听取群众的声音。

获得成功的体验有四个途径：其一，通过回想参加工作以来优秀的个人经验，找到自己的人格优势和美德。个人优势和美德包括毅力、坚持、智慧、勇气、博爱、追求卓越等，这是基层工作者战胜困难的内在要素。但个人的优势和美德不会自我发挥，往往需要个人意志的驱动。如通过工作发现一些社会问题，接着分析可能解决问题的办法，最后在自己的坚持下提高为人民服务的质量和效率，事后回忆自己的优秀事迹；然后深入分析自己所拥有的优势和美德，探究这些优势是如何帮助我们获得成功的；最后，剖析其内在逻辑并认真思考在今后的工作、生活中如何更好地利用这些优势，增强自信心。

其二，对所获得的成功经验进行正确归因。事业的成功除了外在条件，最主要的还是个人努力。通过总结自己成功的经验，思考自己在获得成功的过程中的所思所想，认识自己在具体事件中所发挥的作用，看到自我的影响。

其三，对获得成功的情景进行回忆。我们都希望在事业上获得一定的成就，体验成绩带来的快乐情绪。基层工作者可以通过回忆自己曾经获得的成功经验，再现曾经取得成功的情景，回忆的过程会使我们体验积极情绪，提高个人的价值感和成就感，促进自我评价。通过对比过去的目标，我们之后还可以设置更高、更合理的目标。在多数情况下，我们对困难的想象和恐惧比实际的困难要大。面对未来可能存在的挑战会望而生畏，更不敢设置高的目标。因此，基层工作者可通过回想自己获得成功的经历，从第二人称视角看待自己在追求目标过程中的作用和自身强大的力量，感受取得成功的快乐，在此基础上设置更高的目标，激励自己积极进取、勇攀高峰，向更高更合理的目标迈进。

其四，基层工作者通过回忆过去的成功经验，一方面看到自己不甘平庸的自我评价；另一方面，相信自己的能力是不断提高的，自己是在克服重重困难和完成各项艰难任务的过程中成长的，以此激励自己，不断增强战胜自我的信心和勇气。

（二）学习他人的成功经验

向身边其他优秀的基层工作者学习，将他人成功或者失败的经验作为自己学习的素材，也是提高自我评价的有效方式。在借鉴他人经验的过程中，我们更需要打开视野，不仅看到他人成功的结果，而且需要探求成功的过程和原因，为自己将来制订有效的计划。除了学习身边人优秀的经验外，还可以从书本上获取知识。一要多看名人传记，包括历史上我们党的优秀基层工作者和国外优秀基层工作者的传记，了解伟大人物的奋斗征程，提高我们的抗挫能力。二要学习当代优秀基层工作者的事迹，学习他们对待人民的态度和对事业的责任心。

（三）每天给自己打点气

个体在表达时有两类语言，一类是"内部语言"，一类是"外部语言"。内部语言是用思维和自我暗示但不表达出来的语言形式，而外部语言就是我们通常所说的外显外在的语言。基层工作者既要善于使用"外部语言"去说服他人，又要使用"内部语言"说服自己。时常对自己进行积极暗示，可以对自我进行肯定和鼓励，从而改变对自我的评价。在设定较难的目标时，时常告诉自己只要努力就能完成目标，遇到困难时说服自己要坚持，对自我的评价不能因为遇到困难就随意改变。

【任务单】

1. 请写下最近一个月让你值得骄傲的一件事情，自我评价一下完成这件事情时你有哪些优势和良好品德。

2. 阅读一本名人传记并写下阅读的感受，以及让你记忆最深的故事。

3. 每天锻炼一小时，持续坚持 21 天并养成良好的习惯。

二、在生活中认识自己的亮点

不正确的自我评价会给我们的人生造成不可逆的损失，我们该如何更好地进行自我评价呢？无论是在生活中还是工作中，都尽量不要跟别人进行比较，特别是与比自己好的人比较。虽然我们对自我的认知通常是在跟周围的人比较进行的，但研究表明，在和比自己优秀的人比较时，人们会不假思索地产生负向自我评价。[1] 一般来说，和比自己优秀的人比较会使人感到失败、挫折，进入比较的误区，较多地否认自己，看不到自己的优点，从而变得自卑，失去信心，还会产生社交焦虑，降低主观幸福感。因此，我们需要理性看待，减少跟别人的横向比较，更多的是同自己进行纵向比较。今天的自己比昨天的自己更好，今年的自己比去年的自己为人民群众做了更多的实事，这就够了。

思考下面的问题，从你的回答中可以看出你对自己的评价情况。

我是谁？

我在工作中能够做什么？

我的优点和缺点是什么？

我的个人价值是什么？

我有哪些成功或失败、才能与不足？

我经常思考自己是否能被他人欣赏和喜爱？

我是否如自己所愿地计划我的生活？

我的行为是否与我的观点保持一致？

我是心平气和的，还是经常感到不满足？

在什么时候会感到骄傲、快乐和满足？

我希望成为的人和现在的自己之间有什么差距？

最近一次对自己感到失望、不满是什么时候？

我是否是一个给他人好感值得他人喜欢的人？

---

[1] 刘丽红：《上行社会比较与社交焦虑的关系：核心自我评价和内外倾性的作用》，《山西大学学报（哲学社会科学版）》，2021，44（6）。

三、遇见更好的自己，改变自我评价

（一）跳出自卑圈：换个视角看待自己

自我评价过低是生活中各类心理问题的根源。严格来说，这个类型的人自我评价中的"低"标准判断是不准确的。许多自媒体平台塑造的成功人士总是以企业家或领导的面貌出现。他们有高自我评价的特点：雄心壮志、不屈不挠、敢于冒险、有说服力。然而，不能根据这些就认为好的自我评价其特点就一定十分鲜明。相反，许多例子证明"低"的自我评价在生活并不都是缺点，而高的自我评价的个体在生活中有时也存在一定的弊端。低自我评价的好处在于被人接纳，这是自我评价低的人首要的目的。为了得到他人的接纳，你会想许多办法。你可以在生活和工作中做出许多让步，即使是自己很期望的东西也可以选择放弃，这样就可以避免和别人发生利益冲突。其次，在很多场合，自我介绍谦虚的表达方式更令人赏识。最后，你对外界批评的声音也认真听取，同时较好地接受他人对自己的期待。如果你选择用竞争的方式获得成功，那么就需要超越别人；相反，一个相对低的自我评价可能有助于你赢得周围人的接纳、赞赏和支持。

因此，相对低的自我评价往往能成为某种成功的动力：谦虚，有利于被人接受；广泛听取不同意见，加深对某种情况或某个问题的理解；坚持努力地工作，可弥补自己能力、信心的缺乏。谦虚是一种美德，我们需要摒弃利他主义，促使人们为集体而不是为自己的利益服务。

然而，过低自我评价的个体常常对自己的能力和价值持否定态度，我们需要谨慎和重视这种现象。过低自我评价的人总觉得自己能力、性格等不如他人，应对的方式也十分消极，这些倾向具有一定的危害性，容易渗透到个体对其他事件的认知和评价中，从而产生消极的情绪。这种消极情绪在一定程度上可以使人们产生抑郁，而抑郁是一种心理疾病，严重的甚至会危及生命。有研究表明，自我评价和抑郁也存在紧密的联系，即自我评价低的人更有可能患上抑郁症。

【任务单】

下面调查表能够让你了解你自我评价的程度。认真地读每一格的内容，根据第一想法回答问题，在符合你的观点的那一栏画√即可。

	完全符合	有点符合	不太确定	不太符合	完全不符合
1．总的来说我对自己的工作是满意的					
2．有时我认为自己毫无价值					
3．我想有一些特别的优点					
4．我和大多数人一样做事					
5．我觉得我没有什么可以为之自豪的东西					
6．有时我确实觉得自己一无是处					
7．我想我是个有价值的人，至少和别的人一样有价值					
8．我希望能够对自己更尊重些					
9．认真思考后，我认为自己一事无成					
10．我对自己有积极的评价					

（二）动态进行自我评价

我们需要真切地了解自己、认识自己、评价自己，同时对自我的评价要客观看待和梳理，如经过深思熟虑后发现自我评价不客观时，可以对其进行修正、改动甚至推翻。人虽然是可以改变的，但是许多人发现随着年龄的增长改变越来越困难，内心的抗拒感和阻力越来越大，还有人认为自我评价是永远不变的。其实，在我们生活的过程中，变化是随时发生的。

那么，我们该不该做些什么特别的事来促使变化加速呢？一个自我评价高的人行动越多，其获得成功的可能性就越大。如果他经受失败，他的自我评价会阻止他倒下。相反，一个自我评价低的人在开展行动之前要犹豫很久，那么他获得成功的机会就不多。他经常怀疑自己是否能获得成功，寻思自己是否有能力再次成功。因此，他即使成功了，也不能使他的自我评价提高多少。

（三）操作指南：如何发展积极的自我评价

建议从三个方面努力，具体如表 5-1 所示。其中每个方面由三种特点构成，我们把它叫"要素"。每个方面和每个要素都有其重要性。另外，要注意这三方面的平衡。有的人在其中一方面做了很大的努力，他们过度处理和自己的关系（如个人成长训练）、过度处理和他人的关系（如参加很多聚会），或者过度投入行动（如疯狂工作）。当然，没有什么办法能够毫无痛苦地改变自我评价。万事开头难，可以只选择一个目标全力进攻。改变问题的一个部分会触发连锁反应，并让你学会一种以后可以照着做的行动方式。

方　面	要　素
和自己的关系	1. 清晰认识自己 2. 接受不一样的自己 3. 真诚对待自己
和行动的关系	4. 行动起来 5. 停止无效的自我批评 6. 接受失败的自己
和他人的关系	7. 证明自己的能力 8. 体谅别人 9. 拥有社会支持

三、心理评价的三个要点

（一）不要埋头努力，多看周围

镜子是生活中常见的物品，可以反映照镜者的容貌，让照镜者整理形象、妆容。"以铜为镜，可以正衣冠；以史为镜，可以知兴替；以人为镜，可以明得失"。同样，在工作中若以反面典型、先进榜样为镜，就可以明底线、守红线、提素质，端正自己的思想和生活作风。以法律法规为"镜"，规范自身的言行举止。每一位基层工作者都应该熟记党纪国法，都要把这些规矩、标准内化于心、外化于行，时刻以优秀基层工作者的标准严格要求自己，不断规范自己的言行。

以反面典型为"镜",严守纪律红线。提醒自己不要犯同样的错误,守住底线。一些反面典型事例,体现了他们道德的沦丧、生活的腐化、思想的贪婪等反面特质,可以不断提醒我们要把好思想"总开关",不与民争利、为己谋私。

以优秀榜样为"镜",提升能力素质。"他山之石,可以攻玉",榜样的力量是无穷的,可以展现人性的优点、展示人类的巨大潜力,让逆境中的人看到希望,让顺境中的人再接再厉,在工作生活中去不断完善自己、提高自己的能力。"俯首甘为孺子牛"的廖俊波、"心里装着全体人民"的焦裕禄、"为人民服务"的雷锋,他们为我们树立了一个个经典榜样,帮助我们不断净化自己,树立正确的世界观、人生观、价值观。只有以榜样的行为作为参照,才能让自己更加自信。

(二)倾听他人反馈

群众的反馈是自我评价的重要来源,我们的工作是为人民服务,所以需要多听群众的声音,多听群众对我们的评价。偏听则暗,兼听则明。不但要听取好的建议、评价,而且要听问题、意见,这样既有利于事业发展,也有利于个人成长。

在工作中,同事的评价往往更加客观,因此还需要多听同事的声音。如果自我评价与周围人的评价相差过大,则表明自我评价上有偏差,需要调整。但对待别人的评价,也要有认知上的完整性,不应以自己的心理需要为标准,只注意某一方面的评价,而应全面听取、综合分析,恰如其分地对自己做出评价。"兼听"就是要耳听双方的意见,"明"就是查明。耳听双方才能够兼顾不同的角度,只有听得全面才能够获得正确的反馈并做出合适的评价。耳听一方,则可能或只能从侧面、片面的角度来了解事情的经过,从而片面地得出评价结论。

人贵有自知之明。一旦自我感觉太好,轻则不能对自我能力作出准确判断,重则导致肆意妄为,无所大志。

基层工作者一旦走上领导岗位,就容易陷入社会联系和人际交往的围城,掌握的情况是二手的,看到的信息是过滤的,甚至连到基层调研也可能被人提前设计好的,想听到真话、看到实情并不容易,尤其是关于自己的。如果获得的信息都是片面的,那么就会对自己产生错误的认知。在《邹忌讽齐王纳谏》中,齐谋士邹忌就认为,妻"私我"、妾"畏我"、客"有求于我",所以听到的都是片面的赞美之声。今天的领导干部如果不能做到"兼听",就不能长期保持清醒的头脑,很难做出准确的评价。

（三）行动起来

如果对自己某些特殊的才能不清楚，可以寻找合适的机会表现一番。通过成功或失败的经历发现自己的特点，在反思和自检中重新认识自己的优点和缺点，把握自己的生活方向。若能够正确地评价自己，不要为自己身上的缺点而苦恼。我们只有先接纳了自己的不足，才有可能改正它，才能不断完善和发展自己。不忘初心、牢记使命不是一阵子的事，而是一辈子的事。作为一名基层工作者，要牢记为了什么人、依靠什么人。群众利益无小事，要看在眼里、记在心上，做一个目光如炬的新时代基层工作者。

第三节
基层工作者自我评价的心理案例

一、在基层挥洒青春与汗水——记重庆市璧山区璧泉街道纪工委书记万阳

1985年出生的万阳从事纪检监察工作11年，忠诚履职、务实创新，无怨无悔地在基层挥洒青春与汗水，是群众口中的贴心人、同事眼里的"拼命三郎"。2016年，她被评为"重庆市优秀共产党员"，2017年受到中央纪委嘉奖。

工作要用心用情用力

万阳是个典型的重庆妹子，做事麻利性子急，自己知道平时心直口快，但是在接待或者走访群众时，她却常说"不着急""慢慢来"。她与群众说话和气态度好，为群众解决困难尽心竭力，群众不仅愿意找她反映问题，也爱找她聊聊困惑，拉拉家常。

当然，个别村民刚开始不了解万阳，也让她受了些委屈。上访了四年的刘某华就骂过她好几次，给她出过不少难题。刘某华的信访问题早已复查结案，因其诉求没有被满足而不断上访，还将怨气撒在刚刚接手信访工作的万阳身上。虽然受了群众的埋怨责骂，万阳并没有对自己产生错误的自我评价，没有因此而自卑或抗拒工作，反而多次到相关部门查阅涉案资料，找知情人了解情况，不遗余力地向刘某华解释该信访件的办理依据。

刘某对万阳的评价是："万书记说得有理有据，让我心服口服，而且她那种敬业精神、事事为别人着想的态度也让我很感动。"在万阳翔实有力的证据资料、耐心细致的思想工作之下，刘某华打开了心结，表示再也不上访了。

万阳常说："纪检监察工作是政治工作，也是做人的工作，只要用心用情用力，再坚硬的冰山也会融化。"

2018年5月，万阳收到虎峰社区第二居民小组原组长刘某违反廉洁纪律的信访举报。举报人提供的唯一证据材料是一段模糊不清的音频资料，而且对于举报的主要事实，举报人的说法也前后不一、多次变化，而被举报人刘某也否认，此案的调查迟迟没有进展。"刘某2014年被辞退，至今没有稳定的工作，丈夫嗜赌，后来离婚了，儿子也不争气，还在坐牢。更加不幸的是，她自己还得了癌症，为了治病把房子都卖了……"万阳很快收集到刘某的有关信息。

万阳认为，刘某的问题线索要认真查办，但她的实际困难也要力所能及地帮助解决。

帮助申请公租房，介绍工作，自己掏钱购买慰问品，多次交心谈心，疏导减压……万阳跑前跑后为刘某解决实际困难，耐心细致地对其教育引导，动之以情、晓之以理。终于，刘某内心的"坚冰"被融化。2018年年底，刘某主动找到万阳，惭愧地说："万书记，我想了很久，愿意向组织说明问题……"

最终，刘某因收受群众好处费违规开具证明，受到党内严重警告处分。该案结案后，考虑到刘某特殊的家庭情况，万阳多次与街道纪工委、社区党委的同志一道对刘某进行回访教育，鼓励其放下思想包袱，增强生活信心。

监督执纪绝不能差不多就行

认真负责、谦虚谨慎，有恒心、有毅力，这是同事们对万阳的评价。时任区纪委信访室副主任万阳在审核某村原主任杨某某信访问题结案材料时，敏锐地发现其退伍军人登记表与其他人的字体、格式等不太一样。

这看似不是大问题，因为以前办公信息化程度低，表格字体、格式有所不同也是常有的事，而且这与信访举报本身没有关系。不少同志建议结案，然而万阳坚持自己的原则，不放过任何蛛丝马迹。最终，查明杨某某的退伍军人登记表系伪造，杨某某受到相应处置。

万阳对自己的评价是："监督执纪工作一定要做细做实，绝不能差不多就行，我们必须对组织负责、对干部负责、对群众负责。"万阳不仅是这样说的，而且也是这样踏实执行的。

有一次，村民何某某来访，称其父亲1966年被错定为贪污犯，要求解决历史遗留问题，归还被没收的房子。

事实上，多年以来，何某某多次为此事到有关部门上访，但始终没有得到满意的结果。由于该案时间久远、资料缺失、相关人员难寻，即使是敢于挑重担子的万阳，也难免心里发怵。

"先了解了解再说，看看到底是怎么回事。"经区纪委分管领导批准后，万阳多次到区档案局调取材料，到相关镇、村等实地走访、查阅资料，找相关人员了解情况……功夫不负有心人，万阳终于搞清楚了事实真相。何某某父亲贪污问题属实，但因为其已经足额退回违纪所得，所以不应该将其房屋也收归集体。

真相大白，按理说，万阳的工作可以告一个段落，接下来交给所在镇村落实就行了。然而，万阳没有把问题扔给基层，而是积极争取市纪委支持，并联合相关单位到村、社召开3次协调会，对20余名党员和村干部进行政策解释，算清涉案款物账，做好思想工作，明确处理方式。最终，何某某的合法利益得到维护，积压多年的信访难题也解决了。

案子不能一查了之

代价不能白付，教训不能重演。作为街道纪工委书记，万阳非常注重发挥案件的治本功能，积极开展以案为鉴、以案促改工作，堵住管理制度漏洞。

万阳不断学习，多次邀请专家开展党纪法规讲座，组织党员干部特别是领导干部、重点岗位人员，到区法院庭审现场、重庆九龙监狱、重庆市廉政教育基地等地开展现场警示教育。

在抓好以案示警的同时，万阳在以案促改上狠下功夫。针对封某等典型案件暴露出来的监督管理薄弱环节问题，万阳督促有关部门、村社区集中整治突出问题，强化党工委班子成员、机关各科室、村社区主要负责人监管责任，督促查找制度漏洞，建立长效机制，有针对性地解决不敢抓不敢管、不担当不作为等问题。

在区纪委监委的支持和万阳的督促下，街道各科室、社区对公共卫生宣传、人民调解等12个方面的资金发放情况自查自纠，发现和整改问题21个。建立健全社区专职工作者入职和离职管理办法，规范政府采购管理等10余项制度，排查出廉政风险点1200余个，制定防控措施1500余条，进一步深化标本兼治。

在监督、教育、制度等多种因素的共同作用下，璧泉街道党员干部的纪律意识更强了，思想防线更牢了。2019年，该街道党员干部受处分数量同比下降40%，群众"零"越级访。

（资料来源：选自中央纪委国家监委网文章《在基层挥洒青春与汗水——记重庆市璧山区璧泉街道纪工委书记万阳》）

【案例解读】

万阳忠诚履职、务实创新,无怨无悔地在基层挥洒青春与汗水,是群众口中的贴心人。万阳对自己有清晰的评价,知道自己的性格比较急躁,可是在面对群众的时候十分耐心和细心。在面对烦琐的事务性工作时,认真谨慎,坚持自己的原则,做到知行合一。时常邀请优秀的专家举行讲座,通过不断学习,对照优秀的干部和自己的不同,努力向优秀的干部靠拢。面对棘手的案子和群众无端对自己的怨气,她没有给予自己较低的评价,而是通过耐心细致的思想工作打开上访者的心结,最终赢得上访者的肯定和正面评价。万阳非常注重发挥案件的示范作用,通过分析案件本身的困难、解决案件本身的方法,不断提升自我。面对纪检工作没有贪图效率尽快解决问题,而是听取多方声音,全面收集各类资料,实地走访后探求真相。面对同事们和群众的积极评价,万阳没有自负,将群众和同事的肯定作为自己奋斗的动力,在这个过程中进行积极的自我评价。

万阳在工作和学习中不断提升自我,树立榜样,向优秀党员看齐,客观地听取群众的声音和同事对自己的评价,发挥自己的长处,动之以情说服他人。但她并不是一个铁人,而是一名热情、真诚、自信,同时不断提升自我的基层工作者。

【测一测】

核心自我评价量表

核心自我评价量表包含4种核心人格特质:自尊、控制点、神经质和一般自我效能。问卷题项采用五级评分:1表示完全不同意,2不同意,3不能确定,4同意,5完全同意。

	完全不同意	不同意	不能确定	同意	完全同意
1. 我相信自己在生活中能获得成功					
*2. 我经常感到情绪低落					

	完全不同意	不同意	不能确定	同意	完全同意
*3．失败时，我感觉自己很没用					
4．我能成功，但得完成各项任务					
*5．我觉得自己对工作没有把握					
6．总的来说，我对自己满意					
*7．我怀疑自己的能力					
*8．我觉得自己对事业上的成功没有把握					
9．我有能力处理自己的大多数问题					
*10．很多事情我都觉得很糟糕、没有希望					

注：*表示反向计分。

该问卷的总分范围是10～50分，分值越高，自我评价程度越高。

10～20分：表示你对自我的评价很低，表明你是悲观地看待自己的。过于自卑会让你在事业或者学习过程中难以获得成功的激励，面对挫折时会愈发沮丧。建议你进行一次专业的心理咨询，认识真实的自我。

21～30分：表示你对自我的评价较低，说明你对自我没有形成一个准确的认识，从而影响你的工作和生活。当工作中某些机遇出现时，你可能会由于较低的评价，对自己不自信，没有很好地把握机会。建议你多和家人、朋友或者同事交流沟通，客观地认识真实的自我。

31～40分：表示你对自我的评价较高，积极的自我评价让你对大多数事情都充满自信，相信在工作中较为顺利，家庭也较为和睦美满，这是成功的起步，也是一种魅力，请继续保持。

41～50分：表示你对自我的评价很高，说明你一定是一个非常自信的人，在生活中是否会给人一种太过强势的感觉呢？如果朋友或者家人有这样的感受，你就需要思考对自己的认识是否清晰。自信是有利有弊的，很高的自我评价能够让自己自信地走在自己认定的道路上，但是也要避免因过于自信而不能清晰认识事物发展的全貌。记得多听听周围的声音。

资源链接

1. 图书《毛泽东传》

本书作者是罗斯·特里尔。本书主要从思想、政治角度记叙毛泽东的一生，有毛泽东的自我评价、个性性格和心理分析，对人物和情景的分析出神入化。本书能够引导读者了解毛泽东"故事"背后的时代困惑，并且具体了解"毛泽东的真实画像"。

2. 图书《真相与错觉》

作者塔莎·欧里希，是组织心理学家、《纽约时报》畅销书作家。本书主要探讨的是我们眼中的自己是怎样的、如何获知他人对自己的真实评价。作者通过对500强企业及其干部的研究，并结合数百项研究成果，揭示关于自我评价的谬论与陷阱，告诉我们自己有哪些误解、如何发现内心的自己、如何让他人告诉我们关于自己的真相。

06

第六章 自律者胜：基层工作者的自我调控

基层工作者是新时代的奋斗者、追梦人，在面对国内外纷繁复杂的形势和形形色色的诱惑时，面对工作中的重重困难和人生得失，必须谨记党的自我革命永远在路上，决不能有松劲歇脚、疲劳厌战的情绪，需要不断自我净化、自我完善、自我革新、自我提高。通过不断提高自我心理调控的能力，让自己从负面状态调整到积极状态，从而促进心理健康，提升领导力，获得更好的成长与发展。本章从心理原理、心理策略以及具体的案例等方面，解析自我调控的概念、益处及调控失败的表现，提供自我调控的心理方法，为基层工作者更加有效地控制自己的言行、思想，提高心理素质，提供科学的路径。

第一节
基层工作者自我调控的心理原理

一、认识自我调控

自我调控在心理学上是一个比较宽泛的概念，通常用来泛指一切目标——导向的行为。它不仅包括个体对自我行为的控制和管理，还包括个体对自我行为的思考、计划、实施、调整以及策略的运用。从调控的内容上看，自我调控既包括对内在心理过程如注意、思维、想象和情绪等的调控，也包括对外在行为的调控。[1]

（一）自我调控是一种能力

自我调控体现了一种能力。这种能力让个体具有主观能动性，能够自主地控制或调整自己的思维、情感、行为和注意力等。在遇到困难时，能努力坚持行动的方向；在某种策略失效时，能适时改变策略；在任务完成后，能对自己的行为和结果作出恰当评价。具有较强自我调控能力的个体不仅能调节自己的认知、态度、行为等以完成复杂的任务，而且能调节自己的情绪和心境以保持积极的心理状态。我国明代思想家王阳明，从六品京官贬为从九品驿丞，到达贵州修文龙场驿站时，龙场驿破败不堪，无法居住。但在这样恶劣的条件下，王阳明还能怡然自得，安贫乐道，潜心研读《周易》，阳明心学中的核心观点正是在这样的环境中产生。可见，王阳明在逆境中能够自我调节，正确面对进退，具有较强的自我调控能力。

从道德层面来看，自我调控是控制不符合社会期望行为的出现，并帮助个体做出

---

[1] 刘英伟：《父母与教师自主支持对农村寄宿制高中生学业自我效能感的影响：自我调控的中介作用》，辽宁师范大学硕士论文，2017年。

符合社会规范的行为的能力。①面对当今世界的变局与诱惑，共产党员需要时刻牢记反腐败永远在路上，不断加强自控能力，以《中国共产党廉洁自律准则》《八项规定》为标准来对自己的作风和行为进行检验，真正做到不敢腐、不能腐、不想腐。

从维持身心平衡状态的角度来看，自我调控是个体自觉地增加或减少自己的情感和行为反应，以达到一种稳定的身心平衡状态的能力，这种能力也是一种维护身心健康的能力。在日常生活与工作中，我们会产生各种情绪以及相应的行为反应，而负面消极的情绪体验，如气愤、悲伤、恐惧、厌恶等，会带来身体上的变化。长期处于负面情绪状态，会导致神经系统变化、内分泌紊乱、器官功能活动失调，从而使机体的免疫能力降低，使病症突然发生或加重。有研究表明，长期压力大或者经常处于抑郁焦虑等负面情绪中，会增加心脑血管疾病的概率，会增加心脏病的死亡率。这个时候就需要个体进行积极的自我调节，从负面情绪中摆脱出来，减少其对身心的影响。

（二）自我调控是一个过程

自我调控是一个系统的、包含多个阶段的反复过程。而这些过程可以细分为计划、行动、保持、反弹管理和规避等。自我调控并不是一蹴而就的，也可能不具有立竿见影的效果，调控的过程会随着目标变化而动态变化，也会随着内外环境的变化而变化。在调控的过程中，个体为了达到自己设定的目标，积极主动参与自己相关的各项活动，不断鼓励自己、激励自己，从而提高行为产生的频率。

（三）自我调控的益处

自我调控能够让个体更好地完成目标，并使自己的行为具有方向性。自我调控表现为一个人为了改变自己的反应、控制冲动，采取另一种替代反应，以达到个人目标。自我调控直接影响个体的目标确定、努力付出程度、工作方法探索、工作策略调整和障碍的调节等，继而影响个体的自我效能感，最终影响个体的工作水平。具有较强自我调控能力的人，能够根据具体的情况制定目标，积极探索实现目标的路径与方法，克服出现的难题与困境，直至实现目标。

自我调控有助于增强个体的意志，控制冲动行为。在个体努力实现目标的过程中，自我调控将维持其行为、集中精力于首要任务以及保持一个良好的状态，以利于其

---

① 刘英伟：《父母与教师自主支持对农村寄宿制高中生学业自我效能感的影响：自我调控的中介作用》，辽宁师范大学硕士论文，2017年。

维持最终的意愿并采取行动。①"世上无难事,只要肯登攀。"攀登的过程也是一个自我调控的过程。

自我调控有助于提高个体的能力。这种能力确保个体在遇到困境或者干扰时,依然能够完成先前确立的目标。个体能够很好地进行自我调控时,就可以依照规则、计划、承诺、理想及其他准则来改变自己当前的行为,②而这些都需要个体能力不断地提升与优化。新时代基层工作者队伍建设从增强"八项本领"到提高"七种能力",都是为了更好地解决实际问题,实现既定目标。

自我调控有利于个体形成自律型人格。自律型人格作为人格类型中的一种,具有典型的优势:更高的创造力水平、更加灵活地运用所学知识、更具适应性地考虑问题、更加出色的任务表现。自律型人格突出的特征就是自律,所以具有这种人格类型的个体拥有较高的自我调控能力,能够充分发挥自我调控的作用。同理,自我调控能力的提高,也在不断增强个体的自律性,有利于形成自律型人格。

【扩展阅读】元认知

"元认知"一词最早出现于美国儿童心理学家弗拉威尔(J.H.Flavell)在1976年出版的《认知发展》一书中。所谓元认知,就是对认知的认知,具体地说,是关于个人认知过程的知识和调节这个过程的能力,包括对思维、学习活动的认识和控制。

元认知包括三个方面的内容:一是元认知知识,即个体关于自己或他人的认识活动、过程、结果以及与之有关的知识;二是元认知体验,即伴随认知活动产生的认知体验或情感体验;三是元认知监控,即个体在认知活动中,对自己的认知活动积极进行监控,并相应地对其进行调节,以达到预定的目标。在实际认知活动中,元认知知识、元认知体验和元认知监控三者是相互联系、相互影响和相互制约的。元认知过程实际上就是指导、调节我们的认知过程,选择有效认知策略控制执行的过程。其实质是人对认知活动的自我意识和自我控制,是调整思维、改造思维结果最有力的内部手段,可供我们去解决问题、应对挑战和纠正方向。

---

① 马世坤:《压力源、自我调控及其交互效应对工作倦怠的影响研究》,杭州:浙江大学硕士论文,2007年。

② 袁冬华:《自我损耗效应及其克服:积极情绪的作用》,长春:东北师范大学,硕士论文,2009年。

"江山易改，本性难移""三岁看大，五岁看老"。这样的俗语暗示我们，人格和思维模式如同被模具定了型，难以改变。但是，这些长期以来的惯性思维方式在大脑中形成了一个个顽固的封闭循环，一直让人产生不理性的行为和消极情绪，阻碍目标的达成和问题的解决，影响工作和生活。元认知是人类独有的一种思维能力，可以帮助人们从问题中抽离出来，以旁观者的角度重新审视事件本身，使问题迎刃而解。每个人的元认知能力也是不同的，这将影响个体的学习效率、人际关系、工作成绩等。

二、自我调控缺失及表现

自我调控与人们的日常生活息息相关，许多不良的个人问题与社会问题都源于自我调控的失败。一旦自我调控失败，一系列问题及负面事件就可能会出现。比如，一些人因赌博而倾家荡产；一些人总是控制不住自己，时常表现出暴力行为；一些节食者抵制不住食物的诱惑而使减肥计划泡汤；一些人为了眼前利益而放弃长远的更有价值的利益，等等。有研究发现，低自我控制的个体更容易出现成瘾行为，自我调控能力不足与不良行为之间呈显著正相关关系。

自我调控失败的表现形式有很多，大致可以划分为两类：一类是调控错误，主要是由于判断错误与努力方向不对。[①] 典型的代表就是拖延，虽然一些拖延者认为，只有在压力情境中或者在最后一刻，工作效率才会提高，因此他们选择在最后期限去完成任务，但往往事与愿违，因为拖到最后一刻才开始，会因时间不足而影响任务完成的质量。

另一类是调控不足，主要是由于标准欠缺，不能有效监控行为，调控不足。这是较常见的调控失败原因。例如，一些酗酒者明知道酒后驾驶非常危险，但仍旧抑制不住喝酒的冲动，最终引发严重的后果；面对形形色色的诱惑，有的人不能自制而迷失自我；还有更多的人因自制力欠缺而使自己的各种计划一再搁浅。这些都属于调控不足。

钱钟书先生在《围城》中有这样一段关于吃葡萄的文字："有一堆葡萄，乐观主义者，必是从最坏的一个葡萄开始吃，一直吃到最好的一个葡萄，把希望永远留在前头；悲观主义者则相反，越吃葡萄越坏，吃到绝望为止。"其实，后一种人往往不

---

① 袁冬华：《自我损耗效应及其克服：积极情绪的作用》，长春：东北师范大学硕士论文，2009年。

能忍受延迟满足,他们必须即刻体验满足和快乐,即使这样做会透支未来。心理学研究表明,那些能够延迟满足的个体自我控制能力更强,他们能够在没有外界监督的情况下适当地控制、调节自己的行为,抑制冲动,抵制诱惑,坚持不懈地保证目标的实现。因此,延迟满足是一个人走向成功的重要心理素质之一,而延迟满足失败就属于一种典型的调控不足。延迟满足能力也就是个体在面临种种诱惑时能否调控自己的即时冲动,而专注更有价值的长远目标的能力。

三、自我调控与心理健康

约翰·弥尔顿说过,一个人如果能够控制自己的激情、欲望和恐惧,那他就胜过国王。健康心理学领域着重关注自我调控与个体健康状况之间的关系。研究者认为,心理控制在个体的身心健康中是一个非常关键的变量,那些掌握内部自我控制方法的患者比那些没有掌握这种方法的患者存活的时间更长。可见,心理调控与心理健康有密切关系。

在现实生活中,人们对环境的适应一般分为两种:消极适应和积极适应。消极适应就是个体认同、顺应了环境中的消极因素,压抑了自身的积极因素,即自身的潜能,违背了人的心理发展方向,其结果是环境改造了人,而人未发挥自己对环境的能动作用。积极适应是个体在客观环境中积极主动地调整自己与环境不适应的行为,增强个体在环境中的主动性、积极性,努力争取社会各方面的支持,使自己得到发展。可以看出,积极适应就是人们自我调控的过程,其结果将使个体重新审视自己,分析外界环境,调整自我状态,并采取措施获得有效的社会支持。相关研究表明,社会支持水平会直接影响个体的心理健康水平,社会支持水平越高,心理健康水平就越高,主观幸福度也越高,心理症状也就越少。那些因"活着太累"而烦恼的人,要勇于改变自我,积极行动起来,主动适应环境。

在自我调控能力和工作压力关系方面的相关研究结果表明,人们在面对压力时,可以从意识和意志两个方面去努力调控个体自身的情绪、认知、行为。还有的研究表明,个体的自我调控能力越高,其消极情绪水平就越低,个体越倾向于采用建设性的应对方式。这些研究都证实了自我调控和压力反应是有关系的。具体体现在:自我调控会减轻人们对压力的消极情绪或认知反应,并且帮助其更加有效地应用积极的和回避性的压力应对策略。还有一些研究表明,在充满压力的环境下,具有较强自我调控能力的人会通过自身的努力,做出一些积极的应对行为,消除压力源。

自我调控作为一种能力,可以控制一个人的消极情感,有利于维持个体情感的正向性与稳定性。有研究表明,一个人的自我奖励系统伴随着积极的情感,而自我调控机制的运行就是通过这个系统的活跃而发挥作用。[①] 个体在自我调控发生时,相应的自我激励系统也被激活,个体将获得更多的积极情绪。这也正是较好的自我调控能力者往往伴随着较好的心理健康程度和较少的消极感受的原因。在自我调控的过程中,他们会获得更多积极正面的情绪,减弱负面消极的情绪。

[①] 马世坤:《压力源、自我调控及其交互效应对工作倦怠的影响研究》,杭州:浙江大学硕士论文,2007年。

第二节
基层工作者自我调控的心理策略

一、不合理认知的自我调控策略

基层工作者要学会全面、客观、辩证地看问题，不合理的认知会让他们的心理失衡，进而出现懒政、信仰缺失、健康状况下降等一系列表现。心理失衡是产生攀比、享乐思想的"催化剂"，是自毁的"拐点"，因心理失衡而走上贪腐之路的人不在少数。要纠正认识上的偏差，要从源头进行调整，可以参考以下方法。

（一）觉察自身不合理的认知：行动的开始

你是否有过这样的体验：情绪低落时，我们会感觉周围一切事物都是不好的，或者感觉自己很没用，会碌碌无为一辈子。有时，我们可以从他人口中听到"男人有钱后就没有一个好东西""漂亮女人都是红颜祸水"之类的话语。事实上，这些都是不合理的认知。

常见的不合理认知表现如下：

（1）绝对化要求：常用"一定""必须""应该"来要求他人或自己，如"这件事我是一定要做到的""今年的优秀就应该是我的"。

（2）糟糕至极：认为一些事情如果发生了，一定导致一个很可怕的后果，如"我负责的这个项目只要失败，我一切都完了""今天的检查不合格，我的职业生涯就结束了"。

（3）过度概括：对自己或他人的评价以偏概全，以某一件事或某几件事来评价自身或他人的整体价值。如"这件事我做不好，我一生都没用""你没有把这件事完成，就是一个缺乏办事能力的人"。

（4）极端思维：这种认知方式把事情看成非黑即白、非此即彼，要么全对，要么全错，常常以全或无的方式来思考和解释问题，或者按"不是/就是"两个极端来对经验进行分类，没有任何过渡和余地，没有弹性和弯曲，也没有折中。如"我总是失败""我总是最棒的""如果我得不到我想要的进步，我就放弃"等。

（5）乱贴标签：在错误判断和归纳的基础上给自己一个"专业化"的结论，而这种乱贴标签会进一步强化自己的消极观点。如"我是不讨人喜欢的，所以有人际交往障碍""我心情压抑，睡不好觉，我患了抑郁症"。

（6）心理过滤：挑出一个消极的小细节，对它进行过多的思考，使人对整个现实的看法都变得阴沉，就像一滴墨水使整个浪花变色。如"今天汇报工作，领导指出我需要修改的地方，领导肯定认为我没有能力，不能负责这个项目"。

（7）否定正面信息：认为发生的一切好事；都是由于运气，而坏事才是正常的。如"如果这次考核达标了，那是瞎猫碰上了死耗子；如果没通过，很正常，因为我不够聪明"。

（8）否定负面信息：认为事情发展不尽如人意，皆是外部原因所致，如运气不好；反之，进展顺利，都归功于自己的努力。如"如果我没有得到这份工作，那不意外，因为老板怕我功高震主，他们想要能力普通点的人"。

（9）主观臆测：即使没有足够的证据，也认为我们能够确定他人的想法。如"我如果跟她说话，她一定故意找茬儿"。

（10）宿命论：在任何情况下，都想到最坏的可能后果。如"我要去约会了，但是有什么用呢？我知道我们不可能在一起"。

（11）最大化或最小化：要么高估、要么低估一个情境的真实性。如"如果她拒绝我的话，就证明我真的是一个没有魅力的人，不配得到任何人的青睐"。

（12）情绪性推理：对你的消极感受深信不疑，并据此采取行动。如"我感到很愤怒，因此必须让愤怒得到纾解"。

（13）自找罪受：认为所有事情都与你有关。如"小王今天在门口看到我的时候没有笑，她一定对我有所不满"。

（14）错误比较：没能看到人或事之间的重要差别。如"一个大公司的经理和其他公司的经理一样悲惨，什么地方都一样"。

（15）错误预期：没能看到预定目标或问题真实的维度、变量或可能性。如"如果我成绩好，我就能获得一份薪水很高的工作"。

这些之所以称作不合理认知，是因为它们有的是夸大的，有的是还未发生的，都只是个人的预测，不一定会真实发生。每个人都会有不合理的认知，但当我们把这些想象的东西当成是真的时候，就会出现认知融合，即把想法当成是真实的，从而会不敢行动或做出一些错误的行动。例如，一个人曾经去帮助一个陌生人，但被骗了钱，他从此就产生了"所有他不认识的人都不好"的想法，以后有陌生人需要帮忙，他就不会去帮忙了。有时候，我们会被不合理认知所迷惑，而自身不再去做判断。就像有一个机器人管家帮我们去处理各种事情，向我们描述这个世界多么可怕、糟糕，描述我们多么没用。我们也逐渐信以为真，不对它提出疑问。

我们该如何摆脱不合理认知造成的后果呢？我们要做到觉察，我们可以对照上面那些典型的不合理认知现象，看看我们是否有类似的情况。

觉察是很重要的一步，是改变的开始。我们注意到自身问题，说明已经开始去尝试解决这个问题了。觉察自身的不合理认知是为了达到认知解离，即让我们想象和现实分开，不再沉浸于"可怕、糟糕的世界、无能的自己"这些想法。我们发现自己曾经陷入其中，如今我们从中跳了出来，不再受其影响。

（二）认知重构：改变的践行

认知重构是由心理学家 Albert Ellis 在 20 世纪 50 年代中期基于他人的早期工作开发的，是认知行为疗法（CBT）的核心组成部分。认知重构已成功用于治疗多种疾病，包括抑郁症、创伤后应激障碍（PTSD）成瘾、焦虑、社交恐惧症、人际关系问题和压力。可以使用该技术来抑制自己日常中不太严重的消极想法。例如，我们可以在公开演讲之前用它来抑制消极的想法，在进行绩效评估或工作面试之前，或者在进行艰难的对话之前调整心态。

要使用认知重构，请完成以下过程：

第一步：让自己冷静。可以使用冥想、放松或深呼吸让自己冷静下来。

第二步：确定情况。写下引发消极想法的情况。

第三步：分析自己的情绪。确定自己在这种情况下感受到的情绪，可以用一个词来描述。

第四步：识别自动思维。写下自己感受到这种情绪时所经历的"自动想法"，其中最重要的是自己的"瞬间想法"。

第五步：寻找客观的支持证据。现在的目标是客观地看待发生的事情，找出支持这些想法的证据,并写下导致自己自动思考的具体事件或评论。

第六步:找到客观矛盾的证据,识别并写下与自动思维相矛盾的证据。

第七步:确定公平和平衡的想法。到了这个阶段,我们已经看到了情况的两面性,并拥有对所发生的事情更加公正、平衡的看法所需的信息。如果自己仍然感到不确定,请与其他人讨论这种情况,或以其他方式测试问题。当自己得到一个相对平衡的观点时,把这些想法写下来。

第八步:监控自己当前的情绪。观察自己的心情,并决定下一步。现在应该更清楚地了解了情况,并且可能会发现自己的认识以及情绪已有所改善。接下来,思考自己可以对这种情况做些什么。

(三)自我教育:内心的维护

1. 每天给自己内心减负

你是否有过这样的感觉:有时候,一天下来感觉心力交瘁,特别累。细细想来,似乎又没有做很劳累的事,总有被掏空的疲倦感。工作中出了一点失误,便觉得领导嫌弃你,同事嘲笑你,然后反复回想,彻夜难眠。领导或同事随口的一句话,就记在心里揣摩半天,浮想联翩……想要竞争职位晋升或其他机会,却又怀疑自己的能力,害怕做不好,犹豫到最后,一切还未开始就已被臆想打败。其实很多时候,阻碍你行动的,往往不是未知的困难,而是你多余的想法。

我们给自己内心减负,可以从以下三个方面做起:一是学会停止内耗。很多时候,本来感觉没有什么不同,但多数焦虑均来自对自己要求过高;而多数困境,都是思虑过度自我设置的圈套。心中顾虑太多,给心灵套上枷锁,行动必受阻力,结果必将失败。想让工作顺利,就必须停止内耗。二是专注当下,给精神减负。我们之所以活得很纠结,是因为我们总是太过在意他人的想法。别人一句话,或者一个动作,就能让自己陷入思想的风暴,从而对自己产生怀疑,进而否定自己。这样不仅解决不了问题,还会产生严重的精神内耗,阻碍自己的成长。只有专注于当下,给精神减负,才能从无休止的内耗中脱离出来。三是给行动做加法,今日事今日毕。本杰明·富兰克曾说过:"今天可以执行的事不要拖到明天。"我们把握现在,做到今日事今日毕,内心就是快乐的,是踏实的,也是充实的。

2. 凡事从自己身上找原因

我们身边有这样的人:工作没做好,认为是领导不靠谱;关系没处好,认为是同事有问题；性格不好，认为缘于原生家庭……有这么一句话：从自己身上找问题，一想就通了；从别人身上找原因，一想就疯了。

反省自己是一个人最难的自律。我们可以把外界的种种批评当作自己成长的养料，不断地去分析自己的不足，在一次又一次的失败中积累经验。

明代大学士徐溥自幼天资聪明，读书刻苦。他在书桌上放了两个瓶子，分别装了黑豆和黄豆。每当心中产生一个善念，做了一件善事，便投一粒黄豆。相反，若是内心有不好的念头，言行有过失，便投一粒黑豆。如果黑豆多黄豆少，他就不断反省并激励自己。凭着这种持久的约束和激励，他不断修炼自己、完善自我，终成德高望重的一代名臣。

自省，是一个人走向成熟的必修课。唯有向内归因，才能向外成长。

3. 关注积极的方面

着眼于优点而不是缺点。当我们把 85% 的时间和精力都用来关注 15% 的消极方面时，消极方面就会膨胀，而积极方面不久就会消失。而如果我们把 85% 的时间和精力用来认可并鼓励积极的方面，消极方面就会很快消失，而积极方面就会增长到 100%，因为这是自己所看到的全部。若身处逆境，遭遇各种困难，却以积极的态度和想法来对待，便可容易逆转处境，同时收获智慧与结果。若怨天尤人，将丧失接下来更多的逆转机会。关注积极方面是承认那些消极的方面，但并不囿于其中，将注意力集中在那些积极的方面，并在此基础上构建积极的观念。

二、负性情绪的自我调控策略

情绪是人类生活中的重要部分，同时伴随着相应的身体变化。我们面临挫折时，受到不安全感、自卑感的影响，常常通过气愤、悲伤、恐惧、厌恶等情绪来表达心声，以达到预想的目的；我们取得成绩、得到赞扬时，受到骄傲心理的影响，常常通过快乐、同情、羞涩等情绪来表达心声，以架起与他人良好沟通的桥梁。我们的情绪和情感也会随着工作、生活的改变而变化。工作中上级对下级工作不满意、下级对领导的工作安排和评价有意见时，会气愤甚至愤怒；受到了不公正的待遇时会悲伤；看到了不喜欢的人和事时会厌恶；在陌生的环境中会感到不安等。这些都是疏离性的情绪表现。工作中亲和性情绪也很常见，如胜利后的喜悦、对他人的抚慰、受到赞扬时的羞涩等。我们需要对负面的、疏离性的情绪进行有效的调控。

（一）身心安顿法

根据美国退伍军人系统的 "Take5：Five Minutes to a calm, healthier you." 《花5分钟：让身心安顿》翻译和改编的"应激下的身心安顿法"，不仅可以在重大应激性事件后使用，也可以用来应对日常压力。

1. **呼吸**

慢下来，把注意力放在呼吸上。然后有意把注意力放在腹部，做几次深长的腹式呼吸。深呼吸可以降低压力，改善情绪，提升注意力。

2. **打一个电话**

给一个你信任的亲人、朋友或者社区中的支持者打个电话。或者给你觉得可能有需要的朋友、家人打个电话，问问他们正在做什么。有时候，支持别人也是帮助自己改善情绪的好办法。

3. **着陆技术**

如果你发现自己极度担心或焦虑，请把注意力回放当下。感觉一下双脚跟地面的接触、身体跟椅子的接触，动动手指头和脚趾。环顾一下四周，快速地命名一下你所看到的各种东西。想一个你爱的或者深爱你的人的面容。哼唱一下你喜欢的童年时代的歌。

4. **呼吸改变**

如果你整日坐着，请站起来，伸展一下身体，走动走动，给脸上泼一点冷水，或者干脆洗个冷水脸，呼吸一下新鲜空气。如果你整日忙个不停，给自己留几分钟，安静地坐一会儿，做3分钟的深呼吸。

5. **五指感恩**

花一点时间，写出五件让你感恩的事情。或者扳着手指头，说出五件让你感恩的事情。这样做的时候，请面带微笑。研究发现，感恩练习可以让人体验到更大程度的平静、喜悦，拥有更健康的身体以及更深厚、更令人满意的人际关系。

6. **补充能量**

如果你觉得情绪化严重、迷惘、疲惫或者脾气有点急，你可能是饿了或者渴了。花五分钟时间休息一下，喝一点温凉的水，或者吃一点健康的小吃。

这些练习看似简单，如果你投入去做，就会帮助你安顿身心，并帮助你与你的支持系统保持联结。

（二）注意力转移法

注意，是指心理活动对一定对象的指向和集中。注意转移法的原理，就是以另一个"兴奋点"来取代先前的"兴奋点"，从而使引起强烈生理感受和情感体验的那些心理活动的强度降低，以致渐渐消失。如有的父母习惯用孩子害怕打针的心理来让孩子听话，相反，有经验的医生却能在与孩子聊天时不知不觉地对他们实施打针治疗。在自己不良情绪特别是愤怒情绪爆发之前，或已气涌心头时，要设法转移自己的兴奋点，把注意力引向其他方面。你可以尝试以下一些方法。

1. 运动

跑步、转圈、快走、跳操、游泳、打球等运动是化解不良情绪最有效的方法之一。因为运动可使心率加快，促进血液循环，改善肌体对氧气的吸收，从而使人精神振奋。

2. 欣赏音乐

音乐可促使大脑产生更多的内啡肽，以镇静安神。当情绪不佳时，可先听几支与你心情相吻合的曲子，再逐步调节。

3. 观花

花草的颜色与气味有调节情绪的作用，青、蓝、绿色，色调明快而幽静，可减轻人的紧张与焦虑。烦躁、愤怒时不宜看红色，沮丧、悲伤时应避免看紫色与黑色。另外，茉莉、柠檬、玫瑰等花香，沁人心脾，可调神益智。

4. 品茗

饮茶是我国人民生活中常见的生活形态，人们可通过其补充水分，修身养性，陶冶情操，让心灵恢复恬淡。饮茶的同时，还可感受中国茶文化的魅力。

5. 远足

情绪忧郁苦闷时，不妨到户外走走，置身于和风拂面、山清水秀、莺歌燕舞的美好氛围中，心情自然会好转。

6. 阅读

阅读书刊不仅能让人拥有智慧，还能转移人的注意力，带你进入另一个天地，冲淡不良情绪。

三、增强自律性的策略

（一）健康的生活方式

首先，要有充足的睡眠。2022年3月，中国睡眠研究会等机构联合发布《2022中国国民健康睡眠白皮书》，其中的调查数据显示，国人的睡眠状况并不理想，近3/4的受访者曾有睡眠困扰。睡眠具有许多重要的生理功能，如巩固记忆、促进脑功能发育、促进体力与精力恢复、促进生长、增强免疫功能等。夜间良好的睡眠，能够有效清除脑内产生的各种"垃圾"，我们没有得到充分休息时，缺乏睡眠的大脑的神经细胞就会乱成一团。没有良好的睡眠，就会直接影响大脑的良性运转，大脑会发热，冲动意识和行为会随之出现。改善睡眠是健康生活的重要基础，也是增强自身自律性的有效方式。

失眠，可能有以下几种原因：

（1）房间不够黑。理想状态下，你的房间应该没有一丝光亮，尤其是来自于电视或其他发光电器的光线。当你的眼睛在黑暗中接触到光时，大脑会误以为现在是起床时间，进而减少褪黑素的释放（褪黑素是由松果体释放引起困意和低体温的一种激素）。发光电器产生的光线影响最大，因为它们像极了太阳光。

（2）过晚还锻炼。如果你睡前三小时还锻炼的话，新陈代谢速度就会加快，心率会提升，夜间容易惊醒。尝试将锻炼改在上午，最晚不要迟于傍晚。

（3）太晚饮酒。人们通常认为酒精会引起睡意，但事实上它会影响我们的深度睡眠，使得你在第二天会觉得更累。你可能在饮酒之后感觉到困，但那维持不了多久。

（4）房间温度过高。当你睡觉时，你的身体和大脑想要降温，但是如果你的房间太过温暖，就会阻碍降温过程。在房间里放台风扇是个不错的选择，因为它不但能够保持凉爽，还能产生有规律的噪声，催你入梦。不过，房间温度也不能太低，要不然你也冻得难以入眠。

（5）体内的咖啡因。咖啡因的半衰期是五个小时，意味着你在喝完一杯咖啡10个小时之后，你体内仍残留着3/4剂量的咖啡因。除了咖啡含有大量的咖啡因，茶里也含有这种物质。我们大多人一天不止喝一杯咖啡或者茶，很多人晚上还在喝。

（6）看着钟表。如果你半夜醒来的话，不要看表。事实上，你最好把床头的钟调个面，那样你就看不到时间了。当你习惯性地看钟时，你正在把你的生物钟往错误的方向调整，并且不久之后，你会发现你在每天凌晨的3∶15分准时醒来。

（7）看电视直到入睡。这是个很不好的习惯，因为看电视会刺激大脑活动，这与你的目的背道而驰。而且电视发出的光会提醒大脑要清醒。

（8）深夜仍在思考问题。一旦我们在深夜惊醒，跃入脑海的头一件事就是我们正在担忧的问题。此时你能做的就是，阻止自己继续深入思考，并换一个比较轻松的事情考虑一下。一旦你陷入焦虑的循环中，你就会一直醒到天亮。

（9）睡前进食。蛋白质需要很多能量才能被消化掉，如果你在睡前进食，那么即使你试图睡觉，消化系统也在不停工作，让你难以入睡。如果你真的饿了，最好只吃少量的碳水化合物点心。

（10）睡前抽烟。抽烟者认为抽烟就是在放松，但这是个神经化学的诡计。事实上，尼古丁是刺激物。如果睡前抽烟，你整晚估计会醒来好几次，就像睡前喝了杯咖啡一样。

如果你能改变以上生活方式，你每晚至少能安稳睡上六个小时。

其次，保持合理的饮食结构与健康的饮食习惯。不健康的生活方式是导致现代人亚健康状态的重要因素之一。现在人们的生活水平提高了，饮食中油脂、糖类、淀粉等高热量食物摄入量高，蛋白质摄入量低，且碳水化合物和维生素缺乏，容易引起"酸性体质"。食品中添加剂过多、人工养殖的动物成熟期短、营养成分不足等会导致人体需要的重要营养素缺乏、代谢紊乱等问题出现。还有很多人不吃早餐，或过分节食，经常处于饥饿状态，导致营养和热量不足，大脑长期缺氧，进而影响内分泌，出现心慌、乏力、情绪低落、低血糖甚至晕厥的现象。

再次，适度运动。俗话说"生命在于运动"，运动对健康有许多好处，除了能激发身体各个部位的活力外，还可以令人心情愉快，从而有效防止抑郁。但只有在正确适当的运动与静养相协调的情况下，肌体才能保持健康的活力。研究人员发现，每周坚持步行两次，每次20分钟，就能显著改善情绪，让人更加积极乐观。研究人员把200名42~75岁心理健康的成年人随机分成两组，其中一组每周至少散步两次，每次20分钟，并且行走时不断加快步伐，同时搭配一些其他的锻炼项目；另外一组则不进行任何专门的锻炼。32周后，前一组成员不仅身体素质明显好于后一组，他们在心理健康方面的得分也更高，耐力、活力都有所提高，对事物的看法也更乐观。建议：一定要选择自己喜欢的文体项目，并保证适合自己的运动量。如果从事的文体项目让自己痛苦万分，则很难达到身心愉悦的效果。

最后，改变不良嗜好。过量饮酒和吸烟都是导致亚健康的罪魁祸首。适当饮酒可驱散风寒、疏通经脉、解除疲劳，但是过量饮酒会导致头晕、口干、舌苔厚、胃口不佳等湿热症状。众所周知，吸烟危害身体健康，损伤肺功能，痰湿内生。可见，过量饮酒和吸烟都容易导致湿热体质。所以，建议戒烟限酒。

（二）改掉拖延的习惯

要想改掉拖延的习惯，必须克服找借口的倾向。除了不给自己找借口，还应先了解是什么原因导致不能按时完成任务。找出原因后，就可以有针对性地加以改正了。

（1）可能觉得工作项目难度大，无从下手，迟疑不决，故而拖延。对此，我们建议把很难的项目分解为几个部分、几个阶段或几个层面，一次进行一部分，这样，项目便变得不那么困难了。然后，将这些分解的工作或步骤列入"待办清单"中，排出长期和短期工作计划。在短期工作计划中制作出一张每日待办的清单（最好贴在墙上随时提醒自己），严格要求自己在每小时内做不同的工作步骤，以掌握自己的工作进度，避免一再拖延。如果整整一小时你都做得不错，你应该对自己奖励一下：休息片刻，看看报纸或站起来走走。先是强迫自己去做，通过奖赏，逐渐养成按部就班去做的习惯。还需注意的是，最好是在没有干扰和比较安静的环境中进行工作。

（2）有完美主义思想。有此种观念的人总想要把工作做完美而迟迟不动手去做。其实应该明白，只有努力去做，才会把工作做好。但首先应该把工作做起来。

【问题研讨】

1. 在平日的工作中，不合理认知是否曾出现？分析一下改变它们的有效方法和可能带来的变化。

2. 调控自己负面情绪的方法还有很多，你还知道哪些？找一个你日常会采取的有效方式与他人分享。

3. 你是否拥有健康的生活方式？思考一下目前可以改善的方面，然后选择适合的方法去实践。

第三节
基层工作者自我调控的心理案例

一、身边的榜样：搬动贫困大山的新愚公——贵州省赫章县海雀村原党支部书记文朝荣

万亩林海银装素裹，青瓦白墙的新式民居错落有致，安装了太阳能路灯的水泥路连通各家各户。冬日海雀村，宁静而安详……谁能想到，这里曾经"苦甲天下"：荒山秃岭，环境恶劣，"风一刮黄沙漫天，雨一来泥沙俱下"，村民居住在杈杈房和茅草房里，衣食堪忧。

海雀村的巨变，多亏老支书文朝荣。2014年2月11日，为海雀脱贫致富操劳一生的他，因积劳成疾医治无效去世，享年72岁。

荒山种树

海雀村地处黔西北高原云贵交界处，海拔2300米，山高坡陡、土地贫瘠，是贵州扶贫开发一类重点村。

由于生态破坏严重，1982年文朝荣出任海雀村党支部书记时，上万亩的草山草坡和次生林沙化严重，大小山坡都成了光秃秃的"和尚坡"，石头越长越高，土地越种越薄。每到年底，村里就有群众开始缺粮；青黄不接的四五月，更有农户断炊，只能以野菜、马铃薯叶果腹。

文朝荣发誓要带领群众过上好日子。1986年冬，面对肆虐的风沙，文朝荣决定将一个萦绕心头已久的想法付诸实践——种树。

"连饭都吃不饱，哪有力气种树？树能当饭吃？"这引来大多数村民的反对。文朝荣召开党支部会议、村民代表大会，摆利害做动员，白天干农活，晚上访农家，终

于做通了群众工作。

思想统一了，难题又来了：全村大小30多个秃山头，到底种多少棵树？种什么树？树苗去哪里找？一连串的问题，让文朝荣彻夜难眠……

为了找到苗木，他每天早早起床，一边向乡里汇报，一边往周边的村子和乡镇跑，最终县区乡的各级干部都被他的精神打动了。1987年初冬，林业部门免费提供给海雀村100亩华山松苗，村委自力更生培育了35亩苗圃。

"1987年到1989年连续三个春节，父亲和我们都是在山上度过的。全村30多个山坡，11600亩的荒山全种上了华山松、马尾松等树苗。"对于父亲，文朝荣的儿子文正全充满敬佩。

绿了荒山白了头。历经20年精心守护，海雀村已有林地1.34万亩，户均65亩，森林覆盖率达70.4%，曾经尘土飞扬的"和尚坡"变成了万亩林海，海雀村更是荣获"全国绿化千佳村"称号。据估算，海雀村的万亩林场经济价值达4000多万元，人均近4万元。文朝荣为村民们留下的是一座"绿色银行"。

以身作则

由于海拔高、气温低，海雀的粮食产量总是上不去。文朝荣又开始琢磨如何提高粮食产量，让村民吃饱饭。1989年春，海雀村破天荒地出现了白色地膜。村民们不信：地都被"胶纸"蒙住了，还能长出庄稼？秋收时节，文朝荣和4名党员示范的地膜覆盖栽培苞谷大丰收，全村老少都围拢来看稀奇。第二年，地膜技术和杂交玉米、脱毒马铃薯就在全村推广开，玉米亩产从300斤提高到600斤，土豆亩产从1500斤提高到3000斤。海雀终于实现了粮食自给有余。

"喊破嗓子不如甩开膀子。"作为党支部书记，文朝荣以身作则，为群众树立榜样，凝聚起奋力拼搏的力量。

随着山上逐渐林茂草丰，文朝荣开始鼓励村民发展畜牧业等多种产业。村里组建了中药材种植、土鸡养殖、苗家刺绣等农民专业合作社。如今的海雀已形成"山有林、河有水、地有膜、圈有畜、房有绣"的产业格局。2013年，村民人均纯收入达到5460元。

"海雀贫困的根源就是教育太落后，我们要富起来，必须先让娃娃读好书。"1988年秋天的一次村民大会上，文朝荣对大家说，"现在最紧要的，就是好好为村里的娃娃盖所学校，不能再让他们像我们这一代一样睁眼瞎。"

文朝荣向村民倡议并带头捐出了家里的全部积蓄168元。其子文正友对记者说：

"当初那168元钱,是我父亲瞒着母亲把家里的牛卖了的钱。"

一个多月后,一所简易的土墙学校建好,村里的孩子实现了就近入学。2006年,在政府的支持下,海雀村兴建了一所全新小学,办学能力从3个年级增加到6个年级,学龄儿童入学率保持100%。

爱民情深

在文朝荣生前用过的笔记本上,清晰地记录着:"我入党的目的是多了解一些党的基本政策,多为群众办点好事。"

1984年,海雀村及周边区域连续遭遇冰雹、大风和低温天气,粮食大面积减产。到1985年初夏,海雀村已是家家户户缺粮,不少家庭断炊。

面对乡里送来的救济粮,文朝荣连续4次谢绝,将指标全给了村里最困难的群众。不仅自己放弃救济粮指标,文朝荣还动员自己的儿子、兄弟放弃指标,让救济粮真正用在紧急处。

文朝荣把自己摆在群众中间,关心村里每一个困难户,不让一人受苦,不让一人落单。

2003年,文朝荣上山巡林,每天都会遇到从海雀嫁到可乐乡的苗家姑娘王兴秀。一问才知道,王兴秀丈夫外出打工多年杳无音讯,公婆也不管她,丢下她和两个孩子,一分钱也不给娘儿仨。文朝荣不忍嫁出去的海雀女儿受苦,对王兴秀说:"孩子,回到娘家来吧,爷爷会想尽一切办法,让你们安心住下来,有地种、有房住、娃儿有学上。"在文朝荣的帮助下,王兴秀母女三人得以把户口重新迁回海雀,有了自己的家。

二、案例解读

文朝荣用毕生精力改变了家乡的面貌,也赢得了乡亲们的衷心爱戴和拥护。文朝荣作为时代楷模,是基层工作者的优秀代表。他在30多年如一日的工作中,克服重重苦难,度过自然、环境、社会各方面的困境,面对资源的短缺、恶劣的生存条件,还要面对谋发展中的挑战、诱惑、不信任等。但他始终牢记党的根本宗旨,以愚公移山的精神,不断调整自己的工作思路与方法,以积极正向的心态感染身边的人,带领群众苦干实干,让海雀村面貌焕然一新,为子孙后代打下美好生活的基础。

我们可以看到文朝荣书记对于工作、环境、家人以及其自己都有充分的理性认知,没有让不合理的认知影响自己的判断和行动的方向。他没有因为海雀村环境的恶劣，而有糟糕至极或宿命论的想法；他没有因为自己是村支书，是基层工作者，而存在绝对化要求或主观臆测的想法；他也没有因为开展工作中遇到困难，而否定信息或错误比较。他始终坚持自己干事的初心，让行动有方向、有目标。在具体行动时，面对工作任务不拖延，面对困难不退缩，他没有因为觉得工作难度大，无从下手，迟疑不决，而造成拖延，也不会因为总是想要把工作做得完美而迟迟不动手去做。文朝荣书记始终以自己的行动，把困难的事情先做起来，坚持以身作则、付诸实践，也感染了身边的群众与家人，大家共同投入海雀村的建设中。

斯人已逝，幽思长存。虽然我们今天无法再去深入了解文朝荣书记在面对困境时，会使用哪些自我调控的方法，但我们从点滴的记录中可以感受到他改变自我的力量。海雀村发生的翻天覆地的改变，村民们过上了幸福的日子，就是最好的说明。

【心理探索】

当你有心理困惑和解不开的结时，请坐下来，按照以下三个步骤进行，并填写下面的表格。

1. 将你当时头脑中出现的随想写在纸上，不要让它们总是盘旋在你的头脑中，想到什么写什么。
2. 当所有的随想都被写下来以后，对每一种随想进行分析，将其与第二节中介绍的"常见的不合理认知"进行对照，找出你的认知失真之处。
3. 练习对失真的思想进行无情的反击，以更客观的思想取代失真的思想。

情绪控制栏目表

随想	认知失真	合理反应

【任务单】了解一下你的感觉控制？

个人控制，即自己对人生的控制量，也即自己对人生的主宰程度。如今，越来越多的人意识到，我们的生活会受重大事件或状况的摆布。感觉控制，即我们以为自己能够控制或主宰我们的生活。你认为自己有多少感觉控制？

说明：这份调查的目的是激发你去思考自己有多少感觉控制。在下列各陈述中，如果句子内容对你而言是"正确"的，则选"是"；如果是"错误"的，则选"否"。

是　否　1．我总是尽可能地推迟决策，因为影响决策的情况可能会毫无预兆地变化。

是　否　2．我在工作上用的时间与我取得的成绩没有关系，与我是否给领导留下良好印象没有关系。

是　否　3．有些人天生幸运，其他人则没那么幸运，甚至还很倒霉。

是　否　4．人们喜欢你就喜欢你，不喜欢你就不喜欢你，不必尽力争取别人喜欢你。

是　否　5．是否健康，取决于周围有多少人生病，或有无某种疾病暴发。

是　否　6．无论我是否小心，家里总会时不时有事情出错。

是　否　7．人们的好坏是天生的，一生也很少有所改变。

是　否　8．即使我的状态很好，我自身以外的因素也会使我无法在竞争中做出好的表现。

是　否　9．我很迷信。

是　否　10．马路上有很多坏司机，我迟早会卷入一场车祸中。

是　否　11．如果有仔细考虑重大决策的选择，我知道我可以做出正确的决定。

是　否　12．朋友和我出现分歧时，我知道我们仍是朋友，因为我能够以理性的方式为我辩护。

是　否　13．只要人们尽力，好事最终会降临到他们身上。

是　否　14．当我想购买很难找到的东西时，只要坚持不懈，我就会找到我所需要的东西。

是　否　15．我相信我的判断很正确，在面对困难时我的常识将会奏效。

是　否　16．我坚信我能克服恐惧等负面事件。

是　否　17．当事情出错时，我会很恼火，但我知道我能控制自己的情绪并把事情做好。

是　否　18．遇到陌生人时，如果我愿意，我就能和这个人交朋友。

是　否　19．在关键时刻我会表现良好，因为我有办法克服危机。

是　否　20．如果我发现自己所做的工作压力很大且对我没有吸引力，我会找别的更好的工作。

第1～10项，选择"否"较多，表明是低层次的感觉控制。第11～20项，选择"是"较多，表明是高层次的感觉控制。总数之和越高，你所知觉到的对生活的控制感也就越高。拥有高层次感觉控制的人的表现：努力探求有关自身和环境的信息，将责任归结为自己而不是环境或命运，能够抵抗社会的消极影响。

资源链接

1. 图书《元认知：改变大脑的顽固思维》

本书作者是大卫·迪绍夫，美国著名科普作家、公共教育专家。元认知是人类独有的能力，能帮助你从问题中抽离出来，以一种旁观者的角度重新审视事件本身，如此便会使问题迎刃而解。通过本书提供的心理学知识和自助技巧，你可以获得高水平的元认知能力，从而更有效地解决生活和工作中的问题，实现人生目标，获得更多的幸福感。

2. 图书《员工情绪自我控制的方法与技巧》

本书作者为李军燕、毛雨，主要总结工作和研究中的情绪控制方法和技巧，带领读者消解创伤、焦虑和各种情绪的痛苦和反应。本书通过生动的语言、鲜活的案例，从职场情绪入手，深入情绪问题的根源，分析影响情绪的诸多因素，使读者学会辨识、认知、接纳并控制自己的情绪，成为情绪的主人；学会征服工作中的坏情绪；学会塑造自己生命中内在的祥瑞与和谐，抛开那些缠累我们工作的伤害和麻烦，树立我们职业的尊严，在未来成长之路上，收获满满的成就与快乐。

3. 视频《棉花糖实验》

视频来源于斯坦福大学沃尔特·米歇尔博士在1966年到20世纪70年代早期在幼儿园进行的有关自制力的一系列心理学经典实验。研究者发现，能为偏爱的奖励坚持忍耐更长时间的小孩通常具有更好的人生表现，如更好的SAT成绩、教育成就、身体质量指数，以及其他指标。

视频链接：https://v.qq.com/x/page/d3207fpa7rc.html。

07

第七章

自励者强：基层工作者的自我肯定

　　激活自我的内在力量对不良状态进行调节，成为基层工作者日常生活中解决情绪问题不可或缺的一环。作为一名基层工作者，我们应该如何做到自信自强呢？本章通过解析基层工作者自我肯定的心理原理，探究基层工作者自我肯定的心理策略，通过展示心理案例，帮助基层工作者进行自我调节。

第一节
基层工作者自我肯定的心理原理

一、内在力量：什么是自我肯定

自我肯定理论[①]最早由社会心理学家克劳德 M·斯蒂尔（Claude M. Steele）提出。他认为个体的自我是一个平衡完整的系统，当个体遭受威胁时，自我系统的平衡会被打破。心理上对抗是我们的斗争方式，我们以为只要这样做了，事情就会往好的方向发展，但事实并非如此。将人的注意力放在消极的事情上，则越对抗那些不想要的东西，就越容易创造出它们。在我国古代，相传有个叫卞和的人，在楚山中拾到一块玉璞，把它奉献给了楚厉王。厉王就叫区分玉的专家来鉴定，鉴定的结果说是石头。厉王大怒，认为卞和在哄骗、戏弄自己，就以欺君之罪名砍掉了卞和的左脚。卞和抱着玉哭了三天三夜，哭干了眼泪。后来此玉被文王发现，识出了这块好玉，将其命名为"和氏璧"。假若不是卞和的肯定与坚持，可能和氏璧还依旧被丢弃在深山中，无法光照史册了。回到基层工作者身上，我们在工作时会面临"为官者"与"社会人"、"经济人"与"政治人"、"职业"与"家庭"等社会矛盾与威胁，还常常会面临家庭的精神压力与群众的不理解，这些都会增加基层工作者的精神压力。当威胁来临，基层工作者可能会陷入问题的迷雾，主观因素与客观因素的共同作用，会影响其心理健康状态。但是基层工作者开始进行自我肯定时，通过肯定与矛盾无关的个人要素，就可以进行自我纾解，肯定自身的优势从而替代劣势，以达到调节自我的目的。

人在什么情况下会进行自我肯定呢？自我肯定是怎么出现的呢？这个问题的答案或许与人受到的威胁密切相关。一个人开始面对会威胁到自己的信息时，一般会出现

[①] Steele C M. The Psychology of Self-Affirmation: Sustaining the Integrity of the Self. Advances in Experimental Social Psychology, 1988:21.

三种情况。

第一种是接受建议，并且改正自己的错误。《论语》有云："君子之过也，如日月之食焉。过也，人皆见之；更也，人皆仰之。"为什么君子犯错人们都看得见呢？因为君子行事光明磊落，犯了错误，会让所有人看到。但是，君子之所以能够成为君子，不是因为他们不会犯错，而是因为他们从来不回避错误，而且还能主动及时地纠正错误。但是这种情况对于常人来说很难做到，尤其当建议威胁到核心思想时。更有甚者，会因为信息威胁到自己的核心思想而开启自我防御保护，更加不能接受威胁信息的影响。但在今天，基层工作者能不能正视自身问题和错误，反映的是能力水平，体现的是修养境界，映射的是作风形象，更应该将乐于改过作为自己必备的素质与能力。

第二是当自我保护机制开启时，其会通过忽视以及其他方式来降低信息威胁自己的程度，通过这种方式来保护自己不受威胁信息的伤害，但这种情况可能会造成其对重点信息的忽略。采用忽视的态度，就会错过自己提升的机会。

第三是自我肯定。通过肯定自己重要的部分信息或者从事一些让自己身上的优势发挥的活动来获得自信，降低威胁信息对自己的伤害。此时，人们就会更多地关注自身不受威胁的部分，从而在自我肯定方面获得自信心，更加关注自己优秀的部分。

自我肯定在大多数人的眼里是积极的、正面的。但是，并不是所有的自我肯定都会产生正向的效果，自我肯定在特定的前提下也会产生反效果。第一个前提是当自我肯定者预知进行自我肯定会产生作用时，自我肯定的效果就会消失甚至变为反向效果，因为相对于外来的信息，人们普遍更加相信自己的判断，故当被告知行为的结果时就会朝着反方向行动。另外一个前提则是当自我肯定的方向涉及道德问题时，可能会产生反效果。例如，当对人群中的不道德行为进行正向肯定时，就会认为不道德行为并没有那么糟糕，这样就起到了相反的作用，与正向效应背道而驰。综上所述，自我肯定对于人群或者基层工作者来讲，既有正向效果也有负向效果，对于自我肯定的运用要具体问题具体分析。

不自信被认为是自我否定的一种形式，是一种对自身真实水平严重低估的状态。所以，频繁地处在不自信的状态中，无疑会影响人在日常生活中的各种判断，也会严重影响到身心健康的发展，最终导致的结果是对待每一件事都畏畏缩缩，胆怯小心，失去大胆尝试的勇气。在现实生活中，不自信者是客观存在的，或许他们会察觉自己身上所缺失的自信与自我肯定，但是他们无力改变，因此我们可以经常看到他们以犹豫不决、好欺负的样子出现。如何判断是否是不自信者呢？可以从以下几方面来判断：

（1）纠结过去的失败。

（2）和他人比较，劣等感意识强烈。

（3）总是想"我不行"，对周围的依赖度和依存度高。

（4）不能为了他人努力。

（5）容易受他人的言语等的影响而犹豫不决。

（6）极度恐惧失败。失败会不断反复强化，并产生"学习性无力感"。

作为一名基层工作者，并不是所有的人都自信，有人总是缺乏自信，习惯否定自己的行为，敏感脆弱，听不得负面评价，甚至对他人一个小小的眼神都会产生过多的想法。虽然不少基层工作者已经努力做到最好了，但还是会因为群众的一句指责而内疚很久。其实在生活中要告诉自己，要大胆地昂头挺胸向前走。想要过得好，就需要有足够的胆量，自信地前进。

二、自我肯定与个体发展

（一）自我肯定使自己更加客观地认识自己

某个群体进行自我肯定时，会用更加客观公正的心态对待弱势群体，更好地认识自己并减少自身的阶段认知。如何更加公平地对待自己与他人呢？第一是对待弱势群体的态度比往常有改观，正常情况下普通人会对比自己较弱的群体产生习惯性歧视，无法把他们放在一个与自己平等的位置上。而当人进行自我肯定之后，这种情况就会大大减少，他们能公平地对待比自己弱的群体。第二，他们无法认知自己对弱势群体歧视的情况，无法承认自己存在偏见与特权思想，不愿意将自己放在一个公正的位置上，这也是一种不公平。这类人进行自我肯定之后，会逐渐认识到自己不妥当的做法与认知，可以更加客观地认识到自己的歧视倾向，并加以改正。当这种不公正性体现在基层工作者身上时，就可能出现官本位主义倾向，将官威凌驾于人民之上，无法将权力关进笼子里，不能真正服务人民。有研究证实，当人们经过自我肯定之后，其对于承认自己特权与歧视的报告有增长的趋势，证明自我肯定有利于人们对自我权力的监管与警示，从而减少基层工作者在"为官者"与"社会人"观念之间可能产生的心理矛盾。时时刻刻提醒基层工作者认清自身的职责所在，通过不断自我肯定、自我鞭策，在陷入泥沼之前提早拔出，积极阳光地面对工作和生活。

（二）自我肯定可以使人的情绪获得缓解

人们发表的言论受到别人的抵制或者遇到不同意见时，大多数会产生心理失调，此时团队成员就会产生情绪上的不一致。而自我肯定则可以减轻这种情绪的失调。人们开始自我肯定时，可以通过突出自身在某个方面的优点，来减弱外界对自身的抵抗，减轻这种情绪失调。自我肯定也可以减轻人的日常生活压力，缓解工作中产生的不良情绪。有研究表明，自我肯定甚至可以改善人们高血压与乳腺癌的治疗效果。而在基层工作者的日常工作中，由于主观原因可能会产生焦虑情绪，自己埋头苦干但得不到重用，则可能会产生失落倦怠情绪。工作能力一般但要求高，则可能会产生心浮气躁的情绪。这些情绪可能会导致其做出损害集体利益、破坏集体关系的行为。自我肯定可以使基层工作者在工作中的情绪得到缓解，减轻工作压力，预防心理问题的出现。

（三）自我肯定使我们成长并推动我们前进

自我肯定可以减少优势群体对弱势群体的歧视，也可以使优势群体认知自己的歧视行为，正确地认识自己。自我肯定对弱势群体也有作用。当弱势群体感知到优势群体对自身的歧视与不友好时，会加重他们的自卑感，从而导致其情绪低落，工作效率降低。自我肯定使弱势群体看到自身的优点，从而弱化自身的缺点，使自己朝着更加优秀的方向发展。在基层工作中，基层工作者常常远离朋友和亲戚，过去的友情逐渐消逝，而其长期得不到提拔则可能产生被人瞧不起的悲观心态。这种心态的产生会使得其工作热情减退，产生恶性循环。此时，自我肯定则可以激发其工作优势，忽视其身上弱势的部分，从而维持其工作效率。自我肯定在基层工作者上下级之间的作用也是很明显的，能加深基层领导对自身所在位置的认知，更好地进行工作。对下属来说，可以降低上级对自己工作不满和批评带来的不良情绪反应，不被外界的歧视所影响，保持工作热情。

三、自我肯定与心理健康的关系

自我肯定可以给自己带来很多益处。有大量的实证研究支持了自我肯定的积极作用。如在生理水平方面，研究发现相对于控制组，自我肯定组在应激情境下有更低的皮质醇和心血管反应。[1][2]在健康领域，相关研究也证实自我肯定可以有效降低不可控的认知偏差和压力反应。[3][4]

在心理健康方面，对自我价值的肯定可以降低对威胁信息的知觉及其引发的不良情绪反应。我们处在可能受到威胁的环境中时，就会出现应激反应，长期处在应激反应中会带来一系列心理问题。而自我肯定可以帮助我们缓冲这些应激反应。有学者做过关于自我肯定对缓冲新冠肺炎产生焦虑的对照实验，约十分钟的自我价值肯定就可以帮助我们缓冲由于新冠肺炎的冲击而带来的焦虑情绪反应。[5]还有一些研究提到自我肯定对我们遭遇失败后产生的焦虑情绪有帮助。通过问卷调查、诱导实验与情景实验相结合的方法进行研究[6]，证实自我肯定可以有效缓解我们在遭受失败后产生的焦虑情绪，帮助我们解决失败所带来的心理健康问题。

【扩展阅读】自我肯定抵御威胁的力量[7]

自我肯定可以降低个体的不良防御机制，促进个体更加积极地面对自我、正视自我，打破"恶性循环"并且建立一个"积极循环"。个体思考、重申自己的价值观，如自我对幽默感、绘画能力、艺术欣赏等某一价值观进行肯定，可以保护自我概念和形象是道德的、适应的、有胜任力的。在此基础上，告知"饮食习惯会增加其患心脏病的概率"，不会担心自己受到威胁。个体首先想到的是"饮食习惯会增加其患心脏

---

[1] Davidcreswell J, Welch W T, Taylor S E, et al. Affirmation of Personal Values Buffers Neuroendocrine and Psychological Stress Responses [J]. Psychological Science, 2005, 16 (11): 846-851。

[2] Derks B, Scheepers D, Laar C V, et al. The threat vs. challenge of car parking for women: How self- and group affirmation affect cardiovascular responses [J]. Journal of Experimental Social Psychology, 2011, 47: 178-183。

[3] Whitson J A, Galinsky A D. Lacking Control Increases Illusory Pattern Perception [J]. Science, 2008, 322 (5898): 115-117。

[4] Wiesenfeld, B. M., Brockner, J., Petzall, B., Wolf, R., & Bailey, J. (2001). Stress and coping among layoff survivors: A self-affirmation analysis. Anxiety, Stress & Coping: An International Journal, 14 (1), 15–34。

[5] 李世峰、吴艺玲、张福民、许琼英、周爱保:《自我肯定缓冲新冠疫情引发的焦虑反应：一项随机对照研究》，《心理学报》，2020（7）：886-894。

[6] 高丽:《自我肯定对个体失败后焦虑情绪的缓冲作用》，《中国临床心理学杂志》，2014（3）：394-397。

[7] 胡心怡、陈英和:《自我肯定方式降低高威胁后的消极情绪》，《心理科学》，2017（1）：174-180。

病的概率"这件事情，因而会更加客观地看待这件事情，有意识地改变自己的不良饮食习惯。当饮食习惯改变后，个体的身体机能就会恢复健康状态，自信心也会得到提升，自我也随之完善。这种影响会继续扩大，使人正确地看待自身其他的缺点，自觉地改变其他不良习惯，从而生活得更加健康。自我肯定会让个体建立起一个完整的内在系统，形成"自我完整性"。"自我完整性"可以提供源源不断的力量，让个体降低对于外界信息的防御性。防御性降低的个体就会更加客观、理智、公正地看待外界信息，同时改变个体的行为习惯以及态度、观点。行为和态度改变之后的个体会觉得自我更加完善，并将完善的自我带到生活的其他方面。

第二节
基层工作者自我肯定的心理策略

我们在日常工作与生活中可能会出现焦虑、抑郁和工作倦怠等，这些现象往往被人们忽视，从而产生更加严重的后果，还可能会影响整个工作系统。基层工作是一个整体，牵一发而动全身，基层工作者在整个基层工作中发挥着重要作用。为此，我们梳理以下针对基层工作者日常生活的自我肯定策略，以期更好地缓解基层工作者的心理问题。

一、自我肯定开始行动指南

（一）选择价值

第一步要选择对自己最为重要的价值。如果你对如何选择最重要的价值有迷茫，可以使用量表——中国人价值观问卷（Chinese Values Questionnaire，CVQ）[①]，来了解自己最关注的价值。

1．人活着就是为了挣更多的钱

2．没有真诚友谊的人生是失败的

3．选择工作最重要的因素是工资待遇

4．做人就是要出人头地

5．应该禁食野生动物

6．金钱是最重要的衡量个人价值的标准

7．有权就有一切

---

① 金盛华、郑建君、辛志勇：《当代中国人价值观的结构与特点》，《心理学报》，2009，041(10)：1000-1014。

8．社区的事也是自己的事

9．为了国家的利益而付出个人的代价是值得的

10．人活着最重要的目标就是养老育小

11．其他方面再成功，但家庭不幸福的人也是不幸的

12．光宗耀祖对一个人的人生很重要

13．靠知识技能成功的人应该受到尊重

14．地位显赫的人令人羡慕

15．身体健康才是最重要的

16．帮助陌生人更能显示一个人的品行

17．不尊重其他生命会导致人类消亡

18．选择工作应主要看能否干出一番成绩

19．家庭美满幸福应是学习、工作的唯一目标

20．金钱使人们的生活变得更幸福

21．人类无论什么民族都是平等的

22．是非判断应依据国家的法规

23．做事情要对得起自己的良心

24．平淡比大起大落更好

25．接受高等教育是人生成功的一半

26．发生任何事情都不应该做违法的事情

27．做别人没有做过的事是冒险的

28．好事、坏事的最重要判断标准应当是法律

29．没有爱情的人生是不幸的

30．多数人做的事情应当是可以做的

31．任何时候都不应该做社会不能接受的事情

32．有物质享乐的生命才有意义

问卷共包含八个维度，分别是：金钱权力（对应条目：1、3、6、7、14、20、32）、家庭本位（对应条目：10、19、24）、名望成就（对应条目：4、12、18）、人伦情感（对应条目：2、11、29）、品格自律（对应条目：23、26、31）、守法从众（对应条目：22、27、28、30）、才能务实（对应条目：13、15、16、25）和公共利益（对应条目：5、8、9、17、21）。计算每个价值观维度下条目的均值，均值

得分较高的维度即为自己较重视的价值。

（二）记录价值

在知晓自己较重视的价值后，我们开始下一步行动。

我们要做的是描述这一价值为什么对自己是重要的，我们可以从生活、学习、工作等方面来描述，也可以写下一个自己印象深刻的生活小故事。

> 举例：我认为对自己来讲最重要的价值是家庭本位，因为……就拿这件事来讲……

二、将自我肯定变成习惯

在日常中时刻提醒自己，练习自我肯定技巧，在人格中嵌入自我肯定的要素，使自我肯定变成一种习惯并融入我们的日常生活中。我们可以在不同伟人的名言中看到这部分的内容，如 18 世纪法国哲学兼数学家巴斯喀讲过，从我们出生的那一刻起，老天爷就为我们留下了可以自我发展的空白。所以，当你把生活看作朋友，你的自尊将会一直稳定地存在,与你共存。一个人幼小时所遭受的不被认可,会在他的人生中产生烙印,进而降低其自我肯定感。所以,成年之后的一次次自我肯定,可以不断对烙印进行修复。要自我肯定,就要从现在开始真正接受自己、喜欢自己。

培养习惯性自我肯定,这里有一些简单的方法可以供参考。

(一)蝴蝶拥抱法——尝试多拥抱自己

这种技巧可以有效降低基层工作者的焦虑感,这个方法也是世界卫生组织和美国心理学会认可的治疗精神创伤的有效方法。而有关数据表明,这种方法也曾经被有效运用在大地震期间的灾后心理护理中。这个技巧的原理是通过修复左右脑之间的平衡来达到消除精神创伤的目的。这个技巧的运用方法也很简单,无论什么年龄段的人都可以顺利使用。蝴蝶拥抱疗法就像他的名字一般,只需要将你的大拇指交叉起来,双手重叠交叉放在胸前,有节奏地轮流拍打肩部大约20秒。蝴蝶疗法有两种不同的应用情景,想要消除焦虑的时候需要快速地拍打肩膀,想要获得安全感的时候则缓慢地拍打。至于拍打的部位,无论是肩膀、膝盖还是肩胛骨,都可以。

(二)自我扩张法——相信自己就是最强大的

人的自卑感、不自信的想法通过自我肯定逐渐消散后,需要其他方法进行辅助维持,而这种方法可以让人膨胀起来,让自己觉得其他人都变得很渺小。这种方法对于自认为不受人尊重或者被人轻易对待的人十分有效,可以增强自信心。坚定理想信念不是一阵子而是一辈子的事,要常修常炼、常悟常进,无论顺境逆境都要坚贞不渝,经得起大浪淘沙的考验。其操作方法如下:首先想象自己的身体在不断变大、变宽,就像气球被充气了一样,脑海中想象这样的场景。接下来,想象自己变得比他人都要大得多,甚至比所处的地点附近的建筑都要高大。你处在世界的顶端,丝毫听不到他们的负面言语,无论他们怎样说、怎样做你都听不到、看不到,他们完全伤害不到你。在充分感受过之后,慢慢地苏醒过来。表7-1是练习表。

表 7-1 培养自我肯定的练习表

练习要求	答题栏	小贴士
在纸上写下自己身上至少一个优点		找出自己喜欢他们的原因
在纸上写下自己的缺点		要真诚将这些缺点进行列举，分类并找出可以更改的部分与暂时难以更改的部分。对于暂时难以改变的缺点，应该竭尽所能去接受，并肯定自己的优点、试图忽视这些缺点。对于可以改变的缺点，则要下定决心对其进行改变
把自己的性格特征写下来		将其附带的优点缺点在日常生活中加以注意
写一段简单且真实的自我陈述		一边写一边把自己当作一个礼物来对待

三、善用第一人称肯定语句生活

对于自我肯定来说，善用第一人称的肯定句来进行日常交流是最有效的方法之一。日常中人们如何对待他人，就会获得他人如何的反馈，一个善用肯定语句的人则会获得长期的、真诚的友谊。这世界上有两种生活态度的人：一种是具有肯定生活态度的人，另一种是具有否定态度的人。

那么，如何发展自己的肯定态度呢？一是行动要果断，你会变得比以往更肯定。二是和具有肯定态度的人做朋友。人们总会被身边的环境所深深影响。《论语·季氏篇》中孔子曰："益者三友，损者三友。友直、友谅、友多闻，益矣。友便辟，友善柔，友便佞，损矣。"在孔子看来，有益的朋友有三种，有害的朋友也有三种，朋友为人正直，就会明言过错；朋友诚实无欺，就会坦诚相待；朋友博学多闻，就会明察事理。结交这三类朋友，是有益的。相反，谄媚逢迎的朋友、人前奉承背后诽谤的朋友、善于花言巧语的朋友，都是有害的。事实上，我们总会被生活中的一些消极态度或者否定看法影响。而当我们与持有积极态度的人交往时，我们会被他们积极的心态与价值观影响，他们会增强你自我肯定的信念。你的肯定语句给人后，也会收到相应的肯定反馈，受到别人的尊重。

针对善用第一人称肯定语句生活，这里有一些简单的方法可供参考。

（一）光线屏障法——在事情发生之前自我暗示

当自我肯定较少时，人就会产生一种由内而外的不自信，会对周围的环境、人、事物更加敏感，甚至对方的一些细微的举动和话语都会对自己产生莫大的影响。而光线屏障法的原理在于通过事件发生前的自我暗示，达到预防和减轻反应的目的。光线屏障法的操作方式十分简单，可以在上班或者出门之前进行操作。首先闭上眼睛，想象一下金色的光，再想象自己进入金色光的中央并且被金色的光包围，且坚信只要自己还在这个金色的光球里就不会受到伤害，暗示自己现在是安全的状态，任何负面内容都无法进来。这种光线屏障法不仅操作起来很简单，并且效果很好。

（二）心声替换法——喊出激励自己的语句

无论是在工作还是学习中，人们都会在碰到困难或阻碍之后反思自己，会觉得自己什么事情都做不好，整个人会陷入低迷状态。这个时候就可以使用心声替换法来进行转换。自己在失落、焦虑的时候总会感到自己沉入了谷底，无法自拔，并且会自我反思、喃喃自语，觉得自己不行了、做不到，为什么又会犯这样的错误。在这些场景下，我们就可以使用心声替换法。通过各种渠道记录一些可以激励自己的语句，或者自己喜欢的语句以备不时之需，在质疑自己时在心中大声喊出这些激励的话语，可以从中获得能量。

三、尝试肯定他人

上一节我们提到了自我肯定的促进效应，在对他人进行肯定时也会对自己的情绪产生一定的积极效果。要做到这一点其实很容易，只需要在日常生活中进行自我肯定时，将自己的善意传达给身边的人，这种不经意的举动可能会使周围的人对你产生善意并日渐增加。长期下去，你会收获善意的回报，这个回报可能是同样的善意，也可能是获得了他人的尊重。

对于他人肯定的方式可以分为三种：第一类是肯定他人的外表。人们第一次见面时，外表作为第一印象显得至关重要。初次见面或者双方并不熟悉时，肯定他人的外表是一种重要方法。第二类是肯定其心智方面的优点。这种肯定他人的方法一般用在天生聪慧或绩效优异的人身上。而这种方法就相对有些局限性，因为不是每一个人都天生聪慧或工作成绩突出。这时候就可以运用第三种方式：肯定他人的行为或者性格。

针对尝试肯定他人，这里有简单的方法可供参考。

（一）停止比较法——心中大喊"停下来"

当人的自我肯定力不足，而身边又出现了比较多的对比时，那么自卑就会更加强烈地显现出来，人很容易进入消极的情绪并难以自拔。比如，与你的同学相比，明明年龄相差无几，同在一个学校，而他很早购了房产并取得了优异的成绩，你会产生沮丧的情绪。但是，这世上的同龄人可能会很多，习惯性与他人相比，就会被不幸的情绪所包围。但是，人要多多关注自身的闪光点，当某一天你知道与他人比较失去大于获得时，当你再次碰到他人的炫耀或社交媒体的浮夸展示时，也不会为此感到难过。停止比较可以随时使用、时刻进行，只要你发现自己在某个时间段在与他人进行对比，就在心中大喊"停下来"，暂时抑制住自己心中的想法。每个人都应该获得自己该拥有的真实人生，长期应用这种方法，你就会发现自己在任何时候都感到幸福。

（二）镜子赞美法——对着镜子赞美自己与他人

自信的人有一种特性，就是被别人夸赞之后会增强自信心，而自卑的人由于很少得到他人的赞美，所以不习惯他人的赞美。所以，要增强自我肯定，就应从自己做起，让自己逐渐接受他人的赞美和自己的赞美。自卑的人也有其他的特性，就是他们会时常对自己进行鞭策，反思自己的失误，我们将这种现象称为"自我鞭策症"。这是一种负面症状，会让人陷入不断的自我怀疑中，影响正常生活。随着时间的流逝，这种症状会使人变得越来越不自信。这时候可以尝试镜子赞美法，因为自己才是自己最好的伙伴，自我肯定的人一定是从心底里赞美自己的。镜子赞美疗法的操作方法是：找一面镜子，让自己面对镜子并且开始寻找自己身上的优点，也可以赞美自己外在的部分。比如，自己戴的项链很好看，自己的裙子很美，并且逐步将夸赞的范围扩大，如自己的眼睛和灿烂的笑容。自己给自己鼓劲，不要说"我什么都怕"，而应该说："我很勇敢，很有自信，可以掌控一切。"别对自己说"我老是乱发脾气"。而应该说："我一定能控制自己的情绪,平静适当地表达出来。"通过这个技巧,可以认识到我们从前不熟悉的自己,让我们的身体接受自己,相信自己的美丽与优秀。接下来,开始回想自己曾经被他人夸赞的经历,哪怕是一件很小的事,对着镜子大声说出自己的优点,并坚信自己是最棒的,因为自己才是自己最好的伙伴。

【问答研讨】

1. 学会自我肯定的技巧有哪些?举一个具体的例子并示范一下。
2. 在生活中,有没有已经运用的自我肯定技巧?自己平时都是怎么做的?
3. 对于培养自己的肯定态度,自己有哪些看法?

第三节
基层工作者自我肯定的心理案例

一、从帮助他人到自我肯定——基层残联干部刘荷珍

刘荷珍同志是无锡市惠山区玉祁街道办事处的机关助理，先后从事团工作、妇联、计划生育等工作。出于为残疾人服务的实际需要，街道党工委、办事处决定让刘荷珍同志担任残联理事长。新的担子、新的考验、新的挑战，刘荷珍同志紧密依靠市、区残联的关心指导，依靠街道党政领导的大力支持，也依靠干部、群众和残疾人的共同努力，使玉祁的残疾人工作开展得有声有色。玉祁街道残联被省残联评为"江苏省基层残疾人工作先进集体"，刘荷珍同志也被大家亲切地称为"六员干部"。

帮助他人，"残疾人身残志不残"

她是残联组织的协调员。面对残疾人这一特殊的群体，刘荷珍投入了全部的心血和热情，把工作做实做细做到位，用"五个协调"暖人心：协调解决残疾人家庭婚姻、邻里关系等生活矛盾，协调解决残疾人因企业裁员下岗带来的问题并让他们重新上岗，协调解决重度残疾人、贫困残疾人生活保障的问题，协调司法维护残疾人的合法权益，协调组织残疾人参加教育、就业的咨询洽谈和应试等工作。

她是庇护工场的参谋员。为了让残疾人残有所为、残有所用，刘荷珍千方百计广为宣传，以东方半导体厂为依托，办起了惠山区规模最大的残疾人庇护工场，为66名残疾人提供了就业岗位，做到了"五个落实"，即落实劳动工场、落实工作岗位、落实劳动待遇、落实社会保险、落实康复场所。其中有位智障残疾人丁德强，家中有两老，全无依靠，只能靠亲友接济度日。刘荷珍了解后立即设法落实庇护工场工作岗位，并协调民政和村委，给两位老人办理了"低保"手续。老太太感激不尽，送鱼、送蔬

菜致谢，刘荷珍收下心意，送去自费慰问金，丁德强等残疾人工作更安心、生活更舒心、家庭也更放心。

托养中心的辅导员。依靠市、区残联支持，在地方领导的帮助下，刘荷珍办起了惠山区首家残疾人托养中心，为28户残疾人家庭解除后顾之忧。群众赠言："感谢刘助理，创业不容易。助残好事体，托养顺民意。"之后，该中心被评为"江苏省托养示范机构"。

指导康复的操作员。关爱残疾人，怎样让他们尽可能康复，也是刘荷珍特别关注的问题。一是抓培训。重视抓好康复医生的培训工作，使残疾人康复工作有一支良好的专业队伍。二是抓阵地。不断完善康复室的建设，基层15个残疾人协会都建立了康复室。三是抓体检。组织所有残疾人参加康复体检，做到跟踪服务、回访，并建立康复档案。四是抓治疗。为白内障残疾人免费手术324例，为听力障碍人安装助听器160多名，为54名精神残疾人提供服药和住院救助。五是抓设施。为肢体残疾人免费发放轮椅，为残疾人家庭免费进行无障碍设施改造。六是抓训练。注重残疾人的康复训练工作，各项医疗服务紧紧跟上，初步显示了康复效果。玉祁街道也被评为"无锡市残疾人社区康复示范街道"。

成人之美的调研员。刘荷珍对残疾人常怀同情之心、关爱之心、行善之心。在工作中营造"亲如一家"的氛围，先后为232名残疾人介绍、安排了就业岗位，还帮助一些残疾人成了家。其中有位童年艰难辛酸的孤儿残疾人丁明珠，先安顿在玉祁重度残疾人托养中心居住，然后安排到庇护工场工作。经过刘荷珍的"牵线搭桥"，丁明珠与同在庇护工场工作的、肢体残疾、意志坚强、心地善良的青年李镭刚相知相爱，最终手挽手走上了红地毯，开始了幸福的生活。大家说，刘荷珍"真是残疾人的好帮手和好朋友"。她还为特殊学校的残疾学生发慰问金，送生活用品、学习用品等，真正做到主动关爱、不厌其烦、成人之美、工作到位。

因祸得福，在自我肯定激励中找到方向

刘荷珍在做残疾人的工作时也遇到了很多困难。例如，某残疾人因为生活条件太差，没人照顾，孤身一人被遗忘在家中。她赶到的时候这位残疾人病情加重，生命垂危，邻居报警后被送去医院，由于工作的压力与自身的自责，刘荷珍一度患上了轻度抑郁症。但是这没有击倒她，因为曾经她帮助过的一个残疾人不仅找到了工作，而且找到了心仪的伴侣，提上东西过来看望她，这让刘荷珍看到了工作和生活的价值，她的努

力是有用的,她的情绪通过这件事得到了缓解。在刘荷珍陷入情绪的低谷时,自我肯定挽救了她。虽然刘荷珍经历了工作的失误,陷入了自我怀疑的境地,但是一个新的契机让她忘记了自己的缺点与沮丧,她渐渐忘记了曾经的灰暗经历,重新自信地回到了工作岗位。

二、案例解读

刘荷珍的故事让我们看到了自我肯定的力量,看到了情绪缓解的效应,也看到了成长促进的作用。刘荷珍上岗后看到残疾人这一特殊群体,并没有歧视他们或忽视他们,而是扛起了提高残疾人生活质量与心理质量的大旗,不仅解决他们的基本生活问题,还帮助他们寻找自己的伴侣,使他们得到了双重关照。在这个过程中,刘荷珍也获得了成长,从遭受打击的失落情绪中走了出来,他们都获得了对方的肯定。

【任务单】

回顾自己以前的工作、生活,想一想有没有自我肯定的经历?有没有因为自我肯定而从逆境重生?自我肯定的方法有哪些呢?

一、"我的自我肯定故事"

回顾自己或身边人以前自我肯定的经历,想一想,何情何景之下如何肯定了自己?请将它写下来。

_____

_____

_____

_____

二、自我肯定的好办法

总结自己工作、生活中自我肯定的方法,想一想,如果遇到了需要通过自我肯定来帮助自己的人，自己会如何向他推荐这些方法呢？请写下来，并说说自己使用时的感悟。

_____
_____
_____
_____
_____

资源链接

1. **图书《生命的重建》**

作者为露易丝·海，由中国宇航出版社于2008年出版。原作名为：You Can Heal Your Life，译者为徐克茹。露易丝·海在书中为我们揭示了追求身心和谐的心理模式，从而开辟了重建和谐生命的完美道路。她将深刻的哲理、科学的精神与博大的爱，结合自己的坎坷经历，以浅显生动的语言娓娓道来，如清泉般滋润每一个读者的心田。

2. **图书《敏感天性》**

作者为日本的根本裕幸，由机械工业出版社于2020年出版。该书的副标题为：《高敏感却不受伤的7天练习》，译者为陆贝旎。作者旨在让读者通过七天的练习，逐渐摆脱敏感，学会自我肯定，实现真正想做的自己。

3. **电影《奇迹男孩》**

由斯蒂芬·卓博斯基导演，上映时间为2017年。天生存在面部缺陷的小男孩奥吉（雅各布·特瑞布雷饰），从小由母亲在家里教导。五年级时，他终于有机会进入普通的学校学习。初进学校的奥吉因为自己的长相受到同学们的嘲笑和欺负，但是在父亲（欧文·威尔逊饰）、母亲（朱莉娅·罗伯茨饰）、姐姐（伊扎贝拉·维多维奇饰）、老师以及好友的帮助下，他最终找到了自信，并用自己的行动改变了其他人的看法。

08

第八章

做最好的自己：基层工作者的自我实现

如何力争做一位优秀的"心中有阳光，脚下有力量"的基层工作者？本章将阐述基层工作者在工作中如何运用自我实现的心理知识，通过心理案例进一步说明基层工作者自我实现的方法。

第一节
基层工作者自我实现的心理知识

一、人生目标：什么是自我实现

自我实现是一个心理学概念，戈尔德斯坦在其著作《机体论》中首次作了阐述：个体的动机是由一个最高驱力而不是多种驱力提供的，这个最高驱力就是自我实现。戈尔德斯坦认为，正常机体的目的不是维持现状，而是不断地进行自我发展。

1940年，人本主义心理学大师马斯洛受到戈尔德斯坦的影响，提出了"需要层次理论"。马斯洛认为，人有五个层次的需求，分别是生理的需求、安全的需求、感情和归属的需求、受人尊重的需求、自我实现的需求。这些需求是有层次性的，当一个人较低层次的需求（如安全感）获得基本满足之后，他便会转而尝试满足更高层次的需求（如安全的需求），自我实现是最高层次的需求。

广大基层工作者也有一个自我发展的过程。发展最初，基层工作者通过工作来保障自己的基本生活，但随着社会的进步，自我会不断地发展。难道基层工作者的需求仅仅停留在解决衣食住行方面吗？当然不是。基层工作者开始追求更高层次的需求，如结交朋友、建立亲密关系，希望能得到他人的称赞与认可等，最终基层工作者希望通过激发自己的潜能，在基层工作中有所成就，实现自己的价值，从而达到人的最高需求——自我实现。

心理学中将努力追求自我、完善自我称为"自我实现"。"自我实现也许可以大致地被描述为充分利用和开发天资、能力、潜能等。这样的人似乎是在实现他们自己、最淋漓尽致地从事着他们力所能及的工作。"[①] 在不断自我实现的过程中，我们每个

---

① ［美］亚伯拉罕·马斯洛：《动机与人格（第3版）》，许金声等译，中国人民大学出版社，2007：105。

人都想努力成为自己最想要的那个样子，希望自己变得聪慧、优秀，就像我们小时候考试想要获得第一名，就会不断地努力学习，希望能尽自己最大的可能，持续地激发自己的潜能，获得自己想要的结果，实现自己的目标价值。随着不断的成长和身份角色的转变，我们自我实现的目标开始发生变化。

就基层工作者来说，自我实现就是在符合社会规范的前提下，潜能在基层工作中被最大程度地发挥，运用自己的聪明才智实现自我价值，增进民生福祉，提高人民生活品质，持续增强人民群众的获得感、幸福感、安全感。

二、自我实现的人格特征

马斯洛在进行"需求层次理论"研究时，将研究焦点放在那些心理健康的个体上，特别是那些所谓"自我实现"的人身上，他尝试去总结那些对生命感到满意、能发挥潜能又具有创造力的人共有的人格特征。之后，马斯洛归纳了自我实现者的以下共同品质特征。

（一）能正确感知现实

自我实现者能够以公平客观的态度认识自己、他人和周围事物。他们可以根据事物的本质来识别事物，并找出事物的真相，也非常善于区分人格中的虚伪和不诚实，通常能够正确有效地识别他人的特殊才能。

（二）认可自己和周围的世界

自我实现者能够认识并接受每件事都有积极和消极的两面，不否定任何人、任何事物的消极方面，对自己、对他人、对整个自然都表现出更大的包容性。

（三）自发性

自我实现者更自然、坦率和简单地表达他们的所想所做，不矫揉造作，按照自己的本性行事。

（四）以问题为中心

自我实现者是以问题为中心，而不是以自我为中心，一般不过分关注自己，而是以工作和事业为中心，尽全力解决问题，实现自己的目标。对他们来说，工作不是为了物质回报，而是追求快乐和激发潜能的过程。

青海省海南藏族自治州共和县委书记张峰，在基层工作调研中发现，当地共有初、高中毕业未能继续升学的"两后生"近2000人，这些20岁左右的年轻人无一技之长，找不到工作，但又不愿从事传统农牧业生产。张峰专门以这个问题为中心，研究各方政策，多次组织调研论证，多方筹资，利用空置校舍，于2015年10月正式建立海南州职业技术学校贵南分校，当年共招收唐卡、藏式装潢、民族服饰、藏绣、石雕等专业学生149人。如今，在这所职校就读的学生不光来自贵南县，周边县乃至其他州的孩子也来到这里。后来，张峰发现干部队伍中年龄老化问题严重，年轻干部出现断层，全县没有一名"90后"科级干部。为了解决这个问题，他顶着压力，在2018年大胆试点公开选拔了15名年轻干部，将他们输送到需要的岗位上。这批年轻干部的任用得到了认可，在岗位上发挥了重要作用。

张峰通过调研发现问题，以问题为中心，为解决问题尽心尽力，实现了自己作为人民公仆的使命；在干部队伍结构有问题时，他不过分关注自己，也不把自己的利益放在首位，而是积极注入新鲜的血脉，重用年轻干部，站在人民的角度解决好一切问题。[①]

（五）具备超然独处

自我实现者一般不害怕孤独，有时甚至主动追寻独处的环境。

（六）有较强的自主性

自我实现者的发展和持续增长取决于他们自己的潜力和潜在资源。他们可以摆脱对外部环境和自身的依赖，独立选择自己的目标，实现自己的目标。

（七）懂得欣赏和体验生活

自我实现者可以用新的、独特的眼光欣赏生活中的许多事情和经历。他们怀着好奇、敬畏、喜悦等心态去欣赏和体验过往的日常生活。

---

① 共产党员网：《新时代优秀县委书记风采｜张峰：多做打基础、谋长远的好事实事》。

（八）经常有高峰体验

自我实现者经常经历强烈的神秘体验，如狂喜、惊奇、敬畏的情感体验，以及空间和时间的损失。这是一种高峰体验，一种对所有人来说都有可能的体验，但只有自我实现者才能更充分、更频繁地有高峰体验。

（九）对人类怀有很深的认同、同情和爱的感情

自我实现者对所有人都有强烈而深刻的认同感、同情心和爱。他们不仅关心家人和朋友，而且不加区别地关心所有人。

（十）具有谦逊与尊重

自我实现者有深刻的民主意识。他们平等对待他人，没有偏见，尊重他人，以包容的心态向他人学习。

（十一）人际关系

与其他成年人相比，自我实现者有更融洽的关系、更大的爱、更完美的身份和更大的摆脱自我限制的能力。因为人际关系需要更多的时间，他们的朋友圈更小，更可能寻找其他自我实现者作为朋友。

（十二）具备强烈的道德感

自我实施者有强大的道德力量，有明确的道德标准，遵循自己认可的道德衡量标准，只做正确的事情。

（十三）具有幽默感

自我实现者经常使用哲学的、善意的幽默，但不愿意开粗俗和伤人的玩笑。

（十四）富有创造性

自我实现者在一个领域具有独特的创造力，我们普通人在适应社会的过程中，会逐渐失去这种能力，但自我实现者仍然可以不断发展，以新鲜的眼光看待生活和世界，打破传统，在生活和工作的各个方面展现自己的创造力。许多基层工作者就

具备这样的品质。

济南市中心城区的历下区，生产总值只有深圳市福田区的37%，单位面积产出只有福田区的1/3。如何努力挺进全国中心城区第一方阵？正是这一问，问"醒"了历下区的基层工作者们。济南历下区委书记江山提出"要集中优势资源和力量，吸引优质金融企业落户，打造全产业链金融生态圈"，将目光聚焦在济南中央商务区这一方热土上。

2020年年初，江山果断调整思路，创新工作方法，组织有关部门通过新媒体向全球客商发出"云招商"邀约，改面对面交流为屏对屏沟通，招商引资实现逆势上扬。2020年，历下区引进过亿元项目117个，总投资额再创历史最高水平。在江山的不断推动创新发展下，济南中央商务区这方发展热土，正朝着要素完备、充满活力的现代国际金融城加速迈进。

（十五）对文化适应性的抵抗

自我实现者不墨守成规，也不随大流。他们可以批判现存社会文化的不合理成分，维护其内在的价值规范。

（十六）不完美性

自我实现者不是完美的人，他们有时也会出现易怒和无聊。

三、自我实现与心理健康关系

马斯洛在他的研究中，将自我实现者与心理健康联系起来，认为自我实现者就是没有心理问题或精神病的倾向，他们不仅是成绩卓越的优秀人才，而且是心理健康的人。但并非所有出色的人都能被称为心理健康的、成熟的自我实现者。

首先，心理健康是自我实现的重要基础。基层工作者能够适应社会的发展，在遇到问题时用积极的态度去面对，具有不断自我调适的能力。在自我实现过程中，能够正确认识自己的能力，坦率地对待自己及他人，使自己的心理保持平衡协调。在这种积极的心理状态下，工作就是一个追求愉悦和激发自己能力的过程，健康的心理是激发自己潜能的坚固基石。

其次，自我实现能为心理健康提供源泉。基层工作者在追求自我实现的过程中需要充分激发自己内在的潜能，不断寻求更加充实、完美的自我实现。自我实现能带来成就感、获得感、幸福感，这样积极的心理为我们基层工作者提供了精神源泉，创造了更多有利的条件。

只有在心理健康的状态下，生命才有活力，才有积极的内心体验和良好的社会适应性，个人的身心潜能与积极的社会功能才能得到有效发挥。激发潜能的过程也是心理发展的过程，心理发展了才会心理健康。满足自我实现的需要，达到个体发展成长的目的，本身就是在向心理健康的方向前进。只有使心理健康与自我实现之间相交互，才能真正做一个"心中有阳光，脚下有力量"的自我实现者。

【扩展阅读】基层工作者的自我实现品质

在不同的文化背景下，自我实现者的品质存在差异。我们只有把马克思主义基本原理同中国具体实际相结合、同中华优秀传统文化相结合，才能正确回答时代和实践提出的重大问题。作为基层工作者，要自我实现，就需要具备以下基本品质。

1. 坚守一个初心——忠于党和人民

忠于党、忠于人民，是基层工作者的优秀品质。中国共产党人的初心和使命就是为中国人民谋幸福，为中华民族谋复兴。只有一心为公，方能立好党；只有一心为民，方能执好政。忠诚一辈子，奉献一辈子，以自己的实际行动，为实现中华民族伟大复兴的中国梦而共同奋斗。

2. 保持两种美德——廉洁与自律

抵御腐朽思想和权钱色诱惑，不断加强廉洁自律修养，绝不抱有贪图享受、假公济私奢望之心，做到不敢腐、不能腐、不想腐。基层工作者要不断提高自我修养，时刻保持清醒头脑，不为利益诱惑所动，这样才能在自我实现的过程当好排头兵，永远不掉队。

3. 塑造三大能力——思考力、沟通力、行动力

基层工作者应把学习当作生活乐趣和精神追求。基层工作说难不难，说简单也不简单，重在厘清问题与关系，从多角度思考和解决问题，积极推动各项工作，把思想贯穿于实际。

良好的沟通交流能力是基层工作者处理日常工作的前提。基层工作者要在基层服务群众中提升沟通协调能力，以群众的满意度为标准，用通俗易懂的语言解读政策，

用亲切近人的话语打开群众的心扉，用平易近人的话将党的关怀送到群众的心里，真心实意融入群众，同人民群众建立深厚的感情。

基层工作者要把责任扛在肩上，自觉提高行动力。多走一走，听取群众的意见，帮助群众解决问题，真正为民服务，脚踏实地干事业。

4. 修炼四种心态——知足心、平常心、进取心、公正心

时时保持知足心。在物质诱惑面前应放下欲望，放下贪心，让自己的精神世界变得富足，在工作学习中"不知足"，以健康向上的生活形象、以积极进取的工作作风，更好地为党和人民的事业作贡献。要学会在服务群众中收获幸福感和满足感，在知足感恩中体会幸福，在默默奉献中拥有幸福。

要常持平常心。无论进退上下、无论职位升迁、无论待遇高低，都要在自己岗位上默默耕耘，履职尽责，乐于奉献，不重名利，不计得失。唯有如此，人生才会变得豁达淡定。

保持一颗不断进取之心。活到老、学到老，积极发扬开拓进取精神，始终以一流的标准来要求自己、鞭策自己、带动自己，大胆作为、争先作为，力争做到中心工作争先，业务工作系统争先，能力提升人人争先。

永怀公正之心。时刻铭记权力是党和人民赋予的，要坚持公平公正，自觉接受党内党外的监督，增强纪律意识。将公正作为职业操守，不断修身养性，做到大公无私，以公正立身，以公正待人，以公正处事。

第二节
基层工作者自我实现的心理方法

马斯洛不仅指出了自我实现者的人格特质,还总结了自我实现的八条具体路径。

(1)自我实现是指充分、积极、无自我地体验生活,全身心投入一件事,忘掉一切。这意味着即将进入自我实现的时刻。

(2)当面临前进与后退、成长与安全之间的选择时,我们应该选择成长而不是防御,并努力使每一个选择都成为成长的选择。

(3)要倾听自己内在冲动的呼唤。

(4)当有疑问的时候,诚实地说出来,在很多事情上做到自省。

(5)在每次选择的时候,可以将以上四点结合起来,逐一做相关的小事,从而做出正确的选择,为自己的发展负责。

(6)自我实现不只是一种结局状态,而是在任何时刻在任何程度上实现个人潜能的过程。

(7)高峰体验是自我实现的短暂时刻。

(8)要识别自己的防御心理,并有勇气放弃这种防御。[①]

在具体的基层工作中,我们要怎样才能自如地学习运用这些方法呢?我们选取以上三个与我们生活发展最贴切的方法进行举例说明。

一、向下扎根,劳逸结合

自我实现者往往有更多的积极情感,会享受生活、欣赏生活,更能意识到世界的美,

---

① 车文博主编:《走向生命的巅峰——马斯洛的人本心理学》,武汉:湖北教育出版社,1999:155-156。

在平凡的岗位上，不断向下扎根，将想法付诸实践，而不是流于空想。

（一）谋其职：不空谈干实事

2020年，某镇的地方党群服务中心的科员胡某，在职期间时常抱怨工作环境艰苦，抱怨基层工作烦琐，抱怨自己不得志；在面对群众的需求时极度敷衍，漠视群众的合理诉求，群众来访时，总是找借口。胡某从未发自内心地为群众干实事，最终在一次投保清单及保费的不作为问题上，胡某造成毛某某等19人的老年人意外伤害保险未在保险公司完成投保，导致毛某某意外死亡后无法进行理赔，并在事发后也未协助处理相关赔偿事宜，在群众中造成不良影响。2021年9月，胡某受到留党察看两年、政务撤职处分。

"空谈误国，实干兴邦。"每一个基层工作者都是一个实干家，在面对繁重的工作任务时，胡某因为一味地抱怨、空谈，最后损害了国家的利益、群众的利益，这有悖于基层工作者求真务实的工作原则。在基层工作中要用坚实的脚步丈量大地，用厚重的感情深入群众，让双脚沾上泥土，俯下身听民声，勤走访体民情，这是基层工作者自我实现的有效方法。

（二）轻其心：保持松弛有度的工作方式

一直处于僵化的工作模式中，容易导致我们产生"心理疲劳"。这不仅会降低工作效率，还会对我们的心理健康产生很大的影响，使我们情绪低落、精疲力竭、心情烦郁等。

曾经一位讲师在课堂上生动地演绎一个小实验。他在课堂上拿起一杯水，然后问听课的学生："各位认为这杯水重不重？"大家很奇怪，一大杯水差不多也就是半斤重，最多也不会超过一斤。所以学生们异口同声回答："不重。"讲师则说："这杯水的重量并不重要，重要的是你能拿多久？拿一分钟，谁都能够；拿一个小时，可能觉得手酸；拿一天，可能就得进医院了。"你拿得越久，就越觉得沉重，联想到我们的基层工作，如果我们总是在一种僵化固有的模式下工作，那么我们就愈发感到沉重，加重"心理疲劳"。

从健康的角度出发，选择一种松弛有度的工作方式，既能保证工作效率，又能保证充足的休息时间。我们可以从以下几方面来解除"心理疲劳"。

（1）注意劳逸结合。基层工作烦琐，基层工作者需要掌握工作和休息的节奏。

生活工作要有规律，但不僵化，在工作闲暇时注重锻炼。例如，我们可以在有限的办公区域，做一做颈部运动，促进血液循环，适当的运动可以使我们一整天都感到精力充沛。

（2）放松心态。如果你已经持续开展一天工作了，不妨暂时放下手中的工作，听一些音乐。音乐可以在短时间内消除疲乏感，也能调整大脑皮层的状态，使某些部位进入兴奋状态，从而使人的感觉和心理发生变化。也可以通过阅读放松自己的身心，转移注意力，保持平和放松的状态。

（3）保持兴趣。兴趣可以刺激大脑皮层的兴奋点，保持对工作的激情而不容易感到疲劳。因此，应该在工作中找到乐趣，激发自己的潜能，学会在工作中找到快乐。

（4）营造和谐的人际关系。处理好与家人、同事等之间的关系。我们只有在和谐、轻松愉快的气氛中，才能拥有开阔的心境、开朗的性格、健康的身心，才不容易产生疲劳，哪怕感受到疲劳也能很快消除。

与其无休止地工作，不如给身体放松成长的机会，没有深度的投入、低质量忙碌，会使我们的生活僵化，会让我们心生懈怠。尽可能找到适合自己的节奏，工作和生活便会有效运转起来。

二、向上生长，欣赏生活

现代心理学研究证明，积极向上的生活有助于人的心理健康。拿破仑·希尔的成功定律有 17 条，其中有一条称为黄金定律，就是要拥有积极进取的心态。实践经验反复告诉我们，成就人生有十大积极心态：执着、挑战、热情、奉献、激情、愉快、爱心、自豪、渴望、依赖。积极向上的心态可以促进心理健康，更好地激发自我实现的内在潜能。

（一）创造积极体验

亚里士多德曾说，生命的本质在于追求快乐。而使生命快乐的途径有两条：第一，发现你快乐的时光，并且增加它。第二，发现你不快乐的心态，减少它。阳光是世界上最光明、最美好的东西，能驱赶黑暗和潮湿，温暖我们的身心，但决定我们生活积极向上的并不是我们头顶的太阳，而是我们心中不灭的朝阳。"阳光心态"不是没有悲伤与黑暗的时刻，而是我们懂得如何追寻太阳，驱赶阴霾。

创造积极体验练习：

（1）想象某件可以让你感到高兴的事。这件事可大可小，可以是过去发生的或眼下刚发生过的，可以是某件具体的事情、一个物品、一种状态或一段关系。例如，我们可以想象通过自己的调节和沟通，处理好了居民之间的纠纷，在基层工作中得到了愉悦体验。

（2）关注你的身体，敞开心扉去接收喜悦、舒适、幸福的感受。在平时的繁重琐碎工作中，我们可以感受身体的状态，然后深呼吸，去感受放松的片刻。

（3）探索体验的各个元素。关注那些思想，如"我十分的幸运"；关注知觉，特别是身体上的感觉；关注情绪，如喜出望外、安静的快乐等；关注行动，哪怕是一个简单的微笑。

想一想其他能够让你感受到积极、高兴体验的事情，通过上面的方法，将对它们的感知变成一种丰富积极的体验。

（二）多欣赏少抱怨

基层工作并不都是一帆风顺的，总会有这样或那样的不如意。如果不能从欣赏的角度多看积极的方面，那么每一天的日子似乎都苦不堪言。有这样一个故事：两个走在沙漠上的人，一个人对着仅剩的半瓶水忧愁地说："唉，只剩下半瓶水了。"而另一个人却持有不同的看法，他看着那半瓶水开心地说："啊，太好了，还剩下半瓶水！"同样的情形，却表现出不一样的心态。我们处于困境时，转变视角，用积极的、欣赏的眼光去看待事物，看到的就是事物好的一面。少一些抱怨，或许我们所面临的问题就不会那么难以解决。

关于欣赏，我们可以在平时的生活中做一些小小的改变：

（1）不给自己贴负面的标签。使用中立的语言来描述你认为自己身上的缺点，使用具体的描述而不是抽象的描述。比如，把"我很笨"转变为："我虽然不擅长写文章，但是我很擅长撰写基层调研工作汇报，这也是我的长处。"

（2）承认自己的优点。不要认为自己的长处不值得一提，或拿自己的短处与别人的长处相比较，承认自己的优点并不可耻，也不会让你骄傲自大。我们在基层工作中完成了一份很有难度的工作时，不用给自己找借口，不妨大胆承认它，并把它记下来。

（3）接受别人的赞许。以前别人夸赞你的时候，你可能会觉得不好意思。可是，请你一定要记得,你的"缺点"并不能够掩盖你的"优点",别人夸赞你时,可以勇敢地接受。

困难和挫折,是我们在自我实现中必定会经历的,选择欣赏还是抱怨,这是关键。在不如意的时候,我们可以用欣赏的眼光去看待身边发生的一切,积极地去探索工作的发展规律,发挥自己的最大潜能,游刃有余地解决问题,真正实现自我的价值。

三、向内重塑,永葆初心

时代的快速发展,对我们的学习能力提出了越来越高的要求。特别是突发的重大公共事件,对我们的自身实践能力和心理素质都是一种极大考验。这些问题如果不能及时处理,不仅会影响工作的展开,还会损害我们的心理健康。

(一)重塑自我:在不断的学习中进步

"吾日三省吾身。"作为人民公仆,必须始终加强自己的思想道德修养,经常反思和检点自己,经常反思自己的行为是否符合国家和人民的利益。我们对待工作、事业要用心、认真,全力以赴,使自己的能力得到最大程度的展示。在每次工作后反思得失的缘由,在下一次工作中改正错误,如此反复进行,一步一步不断塑造自己,让自己的潜能得到不断拓展。

把学习当作乐趣和精神追求。基层工作者面对的是广大人民群众,有其复杂性与艰巨性。因此,我们要不断学习,接受新鲜事物。通过多种渠道获得学习资料,使自己了解新形势、新知识,掌握新技能,从多角度思考和解决问题,积极推动各项工作,把思想贯穿于实际。只有不断学习,才能增强适应时代发展变化的能力和心理调适能力,才能跟上时代的步伐,做好各项工作。

(二)不忘初心:办实事,为人民谋幸福

2016年3月,杨中兴从普洱市扶贫办主任的位置上,调任澜沧县县委书记。澜沧县是国家扶贫开发工作重点县、省深度贫困县,在杨中兴的带领下,全县走出了一条具有澜沧特色的"民族直过区"精准扶贫精准脱贫之路,贫困发生率从2013年末的45.85%降为0,提前一年达到"整县脱贫"标准。2020年11月13日,云南省政府正式批准澜沧县脱贫摘帽,真正实现了全国"直过民族"区域最大、人口最多县"一

步千年"的历史性跨越。①

杨中兴说他的"绝招"就是:"学习好、贯彻好、落实好中央精神,我们始终把学深悟透习近平总书记关于扶贫工作的重要论述作为打赢脱贫攻坚战的行动指南,工作就有引领、有方向、有成效,就能战胜困难、夺取胜利、创造奇迹"。

转变观念,树立奉献意识。"民无德不立,政无德不威。"我们党的宗旨是全心全意为人民服务,我们是人民的公仆。我们要把国家与人民的利益放在第一位,要全心全意为群众办实事,着重解决人民群众的急难愁盼问题,如此才能得到群众的拥护与爱戴。

摆正心态,拥有一颗平常心。无论环境怎么变迁,我们都应该守住心里那份恬静从容,守住内心的平静寂寞,调整好自己的心态。一是淡泊名利,把自警自律作为自己的工作准则,遵守社会公德与职业道德。如此,内心的矛盾与心理冲突就会减少。二是不要盲目攀比,正常的、适度的攀比,可以挖掘自己的潜能,实现自我价值,但盲目攀比,比权力、比待遇、比地位等,容易导致心态失衡。三是学会忘怀,对过去的事情要拿得起放得下,不要对过去的事情耿耿于怀,让过去的事情过去,这样才会减少烦恼,才能保持心情舒畅。

我们在工作中必须坚持把实现人民对美好生活的向往作为现代化建设的出发点和落脚点,实现好、维护好、发展好最广大人民的根本利益。

【问答研讨】

1. 列出最近的工作清单,在周末评估自己的表现。
2. 找到适合自己的放松方式,如跑步、听音乐等。
3. 进行一次创造积极体验练习,将自己的心得记录下来。

---

① 党建网:《为时代注脚的"奋斗书记"——记云南澜沧县委书记杨中兴》。

第三节
基层工作者自我实现的心理案例

一、身边榜样：居民健康的"守护者"老马

没有一个春天不会来临，没有一个寒冬无法逾越。2022年3月，在新冠疫情常态化的情况下，上海疫情再次密集暴发，这场没有硝烟的战役牵动了全国上下的心，四面八方的力量都向上海驰援。"老马"——一名普通的基层干部，以实际行动践行着为民服务的使命，力争当好居民健康的"守护者"。

舍小家为大家

新冠疫情再次暴发，刚在家里休假一天的老马，立即向组织写下了请战书。他第一时间带头"逆行"疫区。早上，还来不及和家人吃上一顿早饭就奔赴抗疫前线。封城期间，老马大部分时间吃住都在单位，一心扑在工作上，通宵达旦是家常便饭。每天都需要深入社区，挨家挨户摸排，一趟趟爬着楼梯，不透气的防疫服早已湿透。摸排结束后，需要立即将重点人员信息登记造册，详细记录其活动轨迹，做好流调工作，为精准防控做好每一步工作。老马会在每天吃午饭时，挤出时间给在坐月子的妻子打个电话，因为不久前妻子刚生下了一个可爱的女儿。在"大家"和"小家"都需要自己的同时，老马毅然选择了"大家"。他常说道："我身上肩负着千万个家庭的希望，必须要坚守。再撑一段，等疫情散去，就好了。"

忙碌中的自我调节

为了实现核酸检测的全覆盖，老马千方百计确保当天报告核酸检测结果。每天不仅要应对大量的排查工作，还要面对居民因恐惧而不愿配合的情况。密切接触者中，

有位老奶奶不愿陌生人上门，拒绝配合采样。老马和医务人员一起穿着厚重的隔离服，爬上老小区六楼的步梯，隔着房门耐心向老奶奶讲解政策，还让老奶奶透过猫眼看着老马进行全身消毒，老奶奶这才放心打开门接受采样。

"虽然当时会有一点委屈，但仍告诉自己要调整好情绪，耐心解释和宣传高频次核酸筛查的作用，最大程度争取居民的理解和配合。"当居民对频繁的核酸检测感到不满，开始不配合甚至指责抱怨医护人员和社区工作人员时，老马说他总是这样来调整心态。

活到老学到老

为了争取群众的理解和支持，确保各项工作能够落实落细，老马认真学习掌握最新的基层医疗卫生政策，一直在社区为群众宣传政策、答疑解惑，避免居民对疫情的恐慌，从而提升居民的健康安全感。

老马总结出自己"白天走干讲、晚上读写想"的工作方法，对自己不熟悉、不知道的政策知识立马学习。

"他的学习劲头，年轻人都比不了。"

"经常给我们转发新闻、学习材料。"

"有一些政策我们还不熟，老马却知道第几页说了什么。"

老马的同事几乎都这样赞扬他。

二、自我实现的案例解读

1. 老马"逆行"疫区就是向下扎根

扎根基层一线，汲取群众的力量。群众是真正的英雄，也是最好的老师。老马在疫情期间走在抗疫一线，深入基层问民生，倾听群众所想所盼，掌握基层真实情况，从群众切身利益出发谋划工作，解决了居民们不满意的问题。解决民生实事，才能赢得群众的支持，这是老马推进工作的"法宝"。

2. 自我调节中向上生长

老马不求回报地做着这一切，把国家与人民的利益放在第一位，全心全意为群众办实事，着重解决人民群众的急难愁盼问题。即使在疫情工作中遇到不理解的居民，老马也耐心地向居民解释相关政策，受到委屈后也能及时地调整好情绪。

3. 在不断的学习中重塑自我

"白天走干讲、晚上读写想",老马的工作方法就是活到老学到老,绝不止步不前,不断用党的创新理论武装头脑,提高政治判断力、政治领悟力、政治执行力,不断挖掘自己的潜能,努力做一名优秀的基层工作者。

民惟邦本,本固邦宁。基层工作者的自我实现贯彻在爱国报党、敬业奉献、服务人民中。人生的火炬,是由时代、国家、人民的使命点燃的,任何闪耀的人生都是在为时代、国家、人民所赋予的历史使命奋斗中获得的。只有顺应历史发展的潮流,不负人民的重托,才能真正做到自我实现。

【任务单】

1. 你对老马的自我实现有什么感受?请写下来。
2. 在基层工作中,列举你感受到的自我实现的事件,并时常用来鼓励自己。
3. 与朋友分享你所了解到的关于自我实现的人物。

资源链接

1. 图书《感动中国》

本书中的大部分人物是坚决贯彻落实党的路线方针政策、坚定理想信念、牢记党的宗旨、廉洁奉公、一心为民的基层优秀党员干部。这些典型的模范,可引导广大党员干部以全国优秀共产党员中的先进典型为榜样,争做优秀共产党员,努力在全社会形成学习先进、崇尚先进、争当先进的良好风气,为广大党员干部更好地开展创先争优活动,激发自身才干,实现自我价值。

2. 图书《重塑自我》

本书提出的"重塑自我"并不意味着成为和自己不同的人,或成为自己梦想中的完美之人。我们处于一个充满无限可能性的新时代,这里充满创造力,也孕育着智慧和能量,足以彻底改变我们的经验,将更多的平静、欲望和自信带进我们的生活。"重塑自我"不是试图寻找一个新世界,而是用一种新视角观察世界,其关键在于我们的内心。我们应当充分行使个人自由,让自己拥有一双新眼睛。这双眼睛能让我们在被既定观念蒙蔽之前,找到过去认为达不到的目标。

3. 电视剧《江山如此多娇》

该剧聚焦"青春和理想",主要讲述了基层工作者参与脱贫攻坚这场伟大战役,用赤子之心献身扶贫事业。他们在政治上、思想上、行动上的自觉,是所有奋战在扶贫基层工作者的真实写照。它描绘的故事,是新时代中国在决战决胜脱贫攻坚群像中的一个缩影,也反映了新时代基层工作者在实践中练就的能力和勇于奉献的品格,告诉基层工作者在工作中如何做到自我实现。

4. 电影《我们是第一书记》

影片用一个个真实的故事,生动刻画了第一书记们扎根脱贫攻坚一线。在西藏,旺青罗布书记在海拔4300米的极寒雪域高原养羊,带领村民找到致富之路;在四川,胡小明书记为大凉山孩子修建小学,让更多孩子有勇气眺望未来;在黑龙江,王路书记用双手扶起人民希望,带领村民"掰"出丰收;在贵州,刘恭利书记帮助村民易地搬迁,带领村民走出大山。他们的故事扎根于广袤的中华大地,他们"微缩"在画面上的身影,是千千万万与他们并肩奋斗的"渺小而伟大"者的生动写照。

参考文献

[1] 柴丹．大学生自我意识干预对心理健康影响研究［J］．西部学刊，2019（22）．

[2] 董霞，张宁．大学新生感戴与心理健康：自我概念的中介作用［J］．中国健康心理学杂志，2020（11）．

[3] 胡情依．乡镇公务员上行社会比较与焦虑之间的关系［D］．武汉：华中师范大学硕士学位论文，2021．

[4] 侯玉波．社会心理学［M］．北京：北京大学出版社，2013．

[5] 李洋．社会文化、自我意识对大学生心理健康的影响［J］．科教导刊，2013（14）．

[6] 林升栋，杨中芳．自评式两极量尺到底在测什么？——寻找中庸自我的意外发现［J］．心理科学 2007（4）．

[7] 刘俊丽．冠心病患者自我概念与心理健康的调查研究［J］．中国医学创新，2020（26）．

[8] 辛春晖．从"乔哈里窗"看年轻干部履新的心理调适［J］．领导科学，2020（1）．

[9] 王雨婷，范鑫芳，张林，徐强．家庭收入对大学生心理健康的影响：自我概念和集体自尊的作用［J］．心理研究，2022（1）．

[10] 徐乐．自我概念的形成及其效度［J］．郑州大学学报（哲学社会科学版）2013（5）．

[11] Cooley，C. H. Human nature and the social order［M］．Transaction Publishers，1992．

[12] James，W. The principles of psychology［M］．New York：Dover，1980．

[13] Higgins, E.T. Self-discrepancy: A theory relating self and affec[J]t. Psychological Review, 1987 (94).

[14] 苏珊·凯恩. 安静：内向性格的竞争力[M]. 北京：中信出版社，2016.

[15] 乔·卡巴金. 正念：此刻是一枝花[M]. 北京：工业出版社，2015.

[16] 爱利克·埃里克森. 身份认同与人格发展. 王东东，胡蘋，译. 北[M]京：世界图书出版公司，2021.

[17] 爱利克·埃里克森. 生命周期完成式[M]. 北京：广梅芳，译. 世界图书出版公司，2021.

[18] 陈曦. 自我的冲突与整合：自我心理学视角中的《绿皮书》[J]. 太原学院学报（社会科学版），2020（5）.

[19] 戴维·迈尔斯. 社会心理学：第11版[M]. 北京：人民邮电出版社，2016.

[20] 罗伯特·凯根. 发展的自我：自我成长中的过程与问题[M]. 李维，李婷，译. 北京：人民邮电出版社，2021.

[21] 林崇德. 心理学大辞典：下卷[M]. 上海：上海教育出版社，2003.

[22] 刘稚颖，吴继霞，李鸣. 心理咨询理论与治疗的案例评估和分析[M]. 北京：中国轻工业出版社，2021.

[23] 迈克尔·尼克尔斯，西恩·戴维斯. 家庭治疗概念与方法：第11版[M]. 方晓义，婚姻家庭治疗课题组，译. 北京：北京师范大学出版社，2019.

[24] 西格蒙德·弗洛伊德. 精神分析引论[M]. 徐胤，译. 杭州：浙江文艺出版社，2016.

[25] 朱长征. 自我整合的概念与机制及其对自我成分参照的影响[D]. 上海：上海师范大学博士学位论文，2020.

[26] 古斯塔夫·勒庞，勒庞，冯克利. 乌合之众：大众心理研究[M]. 桂林：广西师范大学出版社，2007.

[27] 谷建春. 误区与出路：学生独立人格培养论[J]. 现代大学教育，2002（1）.

[28] 斯坦利·米尔格拉姆，米尔格拉姆，对权威的服从：一次逼近人性真相的心理学实验[M]. 王利群，赵萍萍，译. 北京新华出版社，2013.

[29] 王世英. 学习者自主人格可持续发展建构[J]. 社会科学家，2011（4）.

[30] 吴煜辉，王桂平. 国外自我分化研究述评[J]. 医学与社会，2008，21（001）.

［31］夏凌翔，黄希庭. 我国的自立人格与西方的独立性人格的区别［J］. 西南大学学报（社会科学版），2012，38（1）.

［32］中共浙江省委组织部. 发挥资源优势 推进干部自主选学改革创新［J］. 党建研究，2009（8）.

［33］赵蕾，翟心宇. 工作自主性对员工建言行为的影响——工作投入和主动性人格的作用［J］. 中国社会科学院研究生院学报，2018（6）.

［34］胡蓉. 组织变革中工作应激，自立人格与心理健康的关系研究［D］. 重庆：西南大学博士论文，2010.

［35］阳志平，彭华军，等. 积极心理学团体活动课操作指南：第二版［M］. 北京：机械工业出版社，2016.

［36］黄希庭，尹天子. 做幸福进取者［M］. 南京：江苏人民出版社，2016.

［37］［美］马尔茨. 心理控制术：改变自我意象，改变你的人生［M］. 北京：群言出版社，2007.

［38］黄希庭，等. 健全人格与心理和谐［M］. 重庆：重庆出版社，2010.

［39］石磊. 干部心理健康读本［M］. 北京：人民出版社，2009.

［40］刘艳. 自我建构研究的现状与展望［J］. 心理科学进展，2011，19（3）.

［41］霍团英. 领导干部心理健康问题研究［M］，杭州：浙江大学出版社，2015.

［42］姜松梅. 延迟满足：理想实现过程中的自我调控［J］. 东华理工大学学报（社会科学版），2020，39（4）.

［43］晓山. 善于从追求完美的诱惑中摆脱出来［J］. 党政干部论坛，2008（3）.

［44］任俊，彭年强，罗劲. 乐商：一个比智商和情商更能决定命运的因素［J］. 心理科学进展，2013（4）.

［45］Judge, T. A., Bono, J. E., Erez, A., & Locke, E. A. Core self-evaluations and job and life satisfaction: the role of self-concordance and goal attainment［J］. Appl Psychol, 2005, 90（2）.

［46］Kammeyer-Mueller, J. D., Judge, T. A., & Scott, B. A. The role of core self-evaluations in the coping process［J］. Journal of Applied Psychology, 2009（94）.

［47］Tsaousis, I., Nikolaou, I., Serdaris, N., & Judge, T. A. Do the core self-evaluations moderate the relations between subject well-being and physical and psychological health？［J］. Personality and Individual Differences，2007（42）.

［48］芭芭拉·弗雷德里克森. 积极情绪的力量［M］. 王罂，译. 北京：中国人民大学出版社，2010.

［49］黎建斌，聂衍刚. 核心自我评价研究的反思与展望［J］. 心理科学进展，2010，18（12）.

［50］刘丽红. 上行社会比较与社交焦虑的关系：核心自我评价和内外倾性的作用［J］. 山西大学学报（哲学社会科学版），2021，44（6）.

［51］李积念，柳建兴. 高校学生压力和社会支持：核心自我评价的中介作用［J］. 社会心理科学，2013（1）.

［52］聂顺婷，梁振东. 相对剥夺感如何影响员工建言行为——核心自我评价与心理契约违背的作用［J］. 西华大学学报（哲学社会科学版），2022，41（2）.

［53］潘丽婷，赵红斌，袁荣，宋国萍. 顾客欺凌对销售人员工作退缩行为的影响：核心自我评价和情绪耗竭的中介作用［J］. 心理技术与应用，2020，8（10）.

［54］杨槐，陈奕. 核心自我评价与抑郁关系的探讨［J］. 绵阳师范学院学报，2012，31（2）.

［55］迪绍夫. 元认知：改变大脑的顽固思维［M］. 北京：机械工业出版社，2014.

［56］石磊. 干部心理健康读本［M］. 北京：人民出版社，2009.

［57］刘艳. 自我建构研究的现状与展望［J］. 心理科学进展，2011，19（3）.

［58］霍团英. 领导干部心理健康问题研究［M］. 杭州：浙江大学出版社，2015.

［59］马世坤. 压力源、自我调控及其交互效应对工作倦怠的影响研究. 硕士学位论文［D］. 浙江：浙江大学，硕士论文，2007.

［60］袁冬华. 自我损耗效应及其克服：积极情绪的作用［D］. 长春：东北师范大学硕士学位论文，2009.

［61］程天赐，冯雷. 极贫村崛起的绿色传奇［N］. 农民日报，2014-06-09（001）.

［62］刘英伟. 父母与教师自主支持对农村寄宿制高中生学业自我效能感的影响：自我调控的中介作用［D］. 沈阳：辽宁师范大学硕士论文，2017.

［63］本书编写组. 阳明文化的当代价值［M］. 北京：人民出版社，2019.

[64] 蔡丽丹. 基层部队退休中级干部常见心理问题及干预对策[J]. 中国当代医药, 2014（18）.

[65] 高丽. 自我肯定对个体失败后焦虑情绪的缓冲作用[J]. 中国临床心理学杂志, 2014, 22（3）.

[66] 何垚, 黄希庭. 自我肯定的潜在机制与影响因素[J]. 西南大学学报（社会科学版）, 2012（2）.

[67] 胡心怡, 陈英和. 自我肯定方式降低高威胁后的消极情绪[J]. 心理科学, 2017（1）.

[68] 霍团英. 基层领导干部心理压力调查与应对策略研究——以浙江省某市为例[J]. 中国人才, 2010（5）.

[69] 秦华. 基层干部心理压力与调适探析[J]. 领导科学, 2014（8）.

[70] 任柏良. 自我肯定：绝处逢生的最后希望[J]. 中国商界, 1999（4）.

[71] 石伟, 刘杰. 自我肯定研究述评[J]. 心理科学进展, 2009（6）.

[72] 刘玲, 李伟. 基层年轻干部的心理困境及其纾解对策——基于安徽省亳州市的调研[J]. 宿州学院学报, 2018（9）.

[73] 荀振英. 从一名见习副艇长自杀看基层干部必备的心理品格[J]. 政工学刊, 1987（12）.

[74] 王树武. 灾区基层领导干部心理健康问题和应对策略研究——以北川董玉飞自缢事件为例[J]. 商品与质量, 2010（S3）.

[75] 杨玲, 张福民. 自我肯定可以鼓励人们选择更健康的生活方式[J]. 大众心理学, 2021（12）.

[76] 钟毅平, 陈智勇, 罗西, 王锡爱, 易文婷. 自我肯定对自尊及自我评价的影响[J]. 中国临床心理学杂志, 2014（3）.

[77] 金盛华, 郑建君, 辛志勇. 当代中国人价值观的结构与特点[J]. 心理学报, 2009, 041（010）.

[78] 李世峰, 吴艺玲, 张福民, 许琼英, 周爱保. 自我肯定缓冲新冠疫情引发的焦虑反应：一项随机对照研究[J]. 心理学报, 2020（7）.

[79] Davidcreswell J, Welch W T, Taylor S E, et al. Affirmation of Personal Values Buffers Neuroendocrine and Psychological Stress Responses[J]. Psychological Science, 2005, 16（11）.

[80] Derks B, Scheepers D, Laar C V, et al. The threat vs. challenge of car parking for women: How self- and group affirmation affect cardiovascular responses [J]. Journal of Experimental Social Psychology, 2011 (47).

[81] Sherman D K, Cohen G L. Accepting Threatening Information: Self-Affirmation and the Reduction of Defensive Biases [J]. Current Directions in Psychological Science, 2002, 11 (4).

[82] Steele C M. The Psychology of Self-Affirmation: Sustaining the Integrity of the Self [J]. Advances in Experimental Social Psychology, 1988 (21).

[83] Morgan J I, Harris P R. Evidence that brief self-affirming implementation intentions can reduce work-related anxiety in downsize survivors [J]. Anxiety Stress & Coping, 2015, 28 (5).

[84] Whitson J A, Galinsky A D. Lacking Control Increases Illusory Pattern Perception [J]. Science, 2008, 322 (5898).

[85] Wiesenfeld, B. M., Brockner, J., Petzall, B., Wolf, R., & Bailey, J. Stress and coping among layoff survivors: A self-affirmation analysis. Anxiety, Stress & Coping: An International Journal, 2001, 14 (1).

[86] VANAgAS, R., & RAKšNYS, A. V. The dichotomy of self–actualization and self-transcendence [J]. Business Systems & Economics, 2014, 4 (2).

[87] Greene, L., & Burke, G. Beyond self-actualization [J]. Journal of health and human services administration, 2007.

[88] Shostrom, E. L. An inventory for the measurement of self-actualization [J]. Educational and psychological measurement, 1964, 24 (2).

[89] Roberts, L. M. From proving to becoming: How positive relationships create a context for self-discovery and self-actualization [M]. Psychology Press, 2017.

[90] [美]亚伯拉罕·马斯洛. 动机与人格: 第3版[M]. 许金声, 等, 译. 北京: 中国人民大学出版社, 2007.

[91] 车文博.《走向生命的巅峰——马斯洛的人本心理学》[M]. 武汉: 湖北教育出版社, 1999.

[92] 中共深圳市委党校. 领导干部心理能力提升[M]. 北京: 社会科学文献出版社,

2020.

[93] 丁俊萍，王欣. 提高共产党人党性觉悟的历史经验［J］. 理论探索，2022（1）.

[94] 郭文斌. 自我实现者理论与心理健康［J］. 温州师范学院学报（哲学社会科学版），2004（6）.

[95] 魏新东，汪凤炎. 从无我到自我实现：基于自我发展的智慧历程［J］. 心理科学进展，2020（11）.

[96] 袁方，王璞，谷向东. 领导干部心理健康与工作压力状况分析与对策［J］. 中国人力资源开发，2013（2）.

[97] 郑剑虹，黄希庭. 西方自我实现研究现状［J］. 心理科学进展，2004（2）.

[98] 张浩宇，刘先江. 以伟大建党精神引领新时代青年成长成才［J］. 中学政治教学参考，2022（15）.

[99] 赵增彦，张佳. 中国共产党道德建设的百年演进及现实启示［J］. 道德与文明，2021（6）.